素肌美人

Skin Care

肌膚保養基本事典

前言

「明明很努力保養了，可是肌膚狀態總是差強人意……」
「很擔心臉上斑點一下子統統跑出來，到底應該怎麼辦才好呢…？」
每天，當你面對著鏡子中自己的肌膚時，是否也曾感到迷惑呢？

比起從前，現在大街小巷裡到處都充斥著各式各樣化妝品及美容訊息。
資訊過於氾濫的結果，讓人搞不懂到底應該相信哪個。
有人說：「徹底洗去髒污是美肌的第一步」，
但是我也曾聽過「過度清潔反而會傷害肌膚」這類立場相反的說法。
為了不迷失其中，保護自己的肌膚，
我們一定要徹底了解肌膚保養的基本常識。

美肌，是靠自己創造出來的。
每天好好地洗淨，補充營養，用心珍惜呵護著肌膚。
為此，我們首先必須充分的認識肌膚性質，以及化妝品的基本作用。
你是否也認為只要找到好的保養品，就能夠輕鬆維持美麗？
事實上並非如此簡單…。
就像做菜的道理一樣，不是買了好吃的麵條、高級的橄欖油，
就可以做出美味可口的義大利麵。
首先，也必須對素材與調味料有所了解。

相處了這麼多年的肌膚，
卻還是有許多女性對於它的基本構造根本一無所知，我對這點感到相當訝異。
不清楚肌膚的基本結構，光只會不斷買進新的化妝品，
就如同是不懂料理的入門，卻一股勁的囤積許多高價食材一樣。

美肌的基本事項，其實並不難懂。
只要稍微掌握技巧，就能對自己的肌膚有更進一步的了解。
再也不會對市面上五花八門的資訊感到迷惑。

不需要再浪費無謂的時間與金錢，就能獲得美麗。
為了達成這個目標，我們趕緊開始進入課程吧！

如果各位能將這本書視為肌膚保養的引導，經常擺放身邊，
在感到迷惘、困惑的時候隨時打開閱讀，那真是太好了～

吉木皮膚科診所　銀座本院院長
吉木伸子

誠實作答！肌膚與肌膚保養相關之基本問答

正在煩惱著「肌膚狀態總是不太好」的人，請試著回答以下問題，並以O、X作答。填好答案之後請立刻翻到P8～9看解答。你是否也發現很多自以為是正確的肌膚保養觀念，事實上卻是大錯特錯呢？只要導正錯誤的觀念，你的肌膚就能獲得大幅改善喔。

生活篇

1	為了肌膚著想，應該多吃新鮮的生菜沙拉。	
2	總而言之油類的東西對肌膚就是不好，最好也盡量不吃肉類食物。	
3	提高精力的營養補充飲料，對肌膚有益。	
4	為了提高新陳代謝，一天最好喝2公升的水。	
5	比起冷飲，溫熱的飲品對身體健康較為有益。	
6	流汗時毛孔中的老舊廢物也會隨之釋放到體外，因此常洗半身浴能使肌膚變漂亮。	
7	連續幾天睡眠不足時，為了肌膚著想，應該趁週末一次睡得夠本補眠。	
8	即使就寢時間較晚，只要充分睡足6～7小時的話，對肌膚不會產生妨害。	
9	只要忽略壓力的存在，就不會影響肌膚狀況。	
10	生理期前肌膚容易變得粗糙，所以更應該多使用具有抗老化效果或美白效果極佳的保養品，積極的保養肌膚。	
11	經常攝取含有女性荷爾蒙作用的食物，可達到淡化斑點、細紋的功效。	
12	體質虛冷是造成肌膚粗糙的根源所在	

答案請見P8

基礎化妝品篇

1	為了不使彩妝髒污殘留在肌膚上，應該選擇油性卸妝品徹底洗淨卸除。	
2	沒時間卸妝時可用卸妝潔膚布簡單擦拭掉即可。	
3	難卸的睫毛膏彩妝應該使用眼唇專用卸妝品卸除。	
4	當肌膚過於粗糙、化妝水難以滲透進去時，只塗抹乳霜保養。	
5	過度洗去皮脂會造成肌膚乾燥，應選用洗後不緊繃的洗臉產品。	
6	T字部位明顯出油時，應輕柔地重複洗淨。	
7	水分對於肌膚相當重要，必須充分塗抹化妝水。	
8	以化妝棉沾濕化妝水輕拍，使肌膚吸收。	
9	以化妝水補充水份後，應再塗抹上油份做防護。	
10	精華液是對抗肌膚乾燥所不可或缺的產品。	
11	防腐劑、香料會造成肌膚粗糙。	
12	塗抹粉底時一定要先使用隔離產品。	

➡ 答案請見P8

問題集 面皰

1	成人面皰多半是荷爾蒙失調所致，因此需由體內調理做起，盡量保持生活規律。	
2	為了避免髒污殘留在面皰部位，一定要徹底洗淨。	
3	肌膚過於乾燥時也會冒出痘痘，即使是面皰肌膚也必須塗抹乳液。	
4	長痘痘時應該將化妝保養品全部更換成面皰肌膚專用產品。	
5	長痘痘時最好不要塗抹粉底。	
6	長痘痘時應盡早擦藥治療。	
7	痘疤分為：可復原及無法復原兩種類型。	
8	擠痘痘會留下疤痕。	

➡ 答案請見P8

問題集 乾燥·肌膚粗糙

1	乾燥肌的相反，是油性肌。	
2	油性肌的人不會有肌膚乾燥的問題。	
3	自30歲以後，肌膚會越來越乾燥。	
4	睡眠不足時容易形成乾燥肌。	
5	想要迅速急救乾燥肌膚，最好的辦法是敷化妝水面膜。	
6	在乾燥的室內應盡量多攝取水分。	
7	冷氣房引起的乾燥問題，可利用保濕噴霧改善。	
8	當肌膚感到乾燥時，首先應塗抹足夠的化妝水。	
9	果酸換膚可幫助改善肌膚乾燥情形。	
10	乾燥肌的人應使用粉底液替代粉餅。	
11	手掌與腳底沒有皮脂腺，可以擦乳液補充油份。	
12	肌膚發生狀況時，甚至連長期使用的化妝品也有嫌疑。	

➡ 答案請見P9

問題集 肌膚老化

1	乾燥會引發皺紋產生，即使年紀尚輕也需要適度使用化妝水及乳液。	
2	膠原蛋白會隨著年紀增長而減少，為了預防皺紋可多喝膠原蛋白飲品。	
3	天氣逐漸轉熱，應該開始積極的防曬。	
4	皮膚越白的人越容易因日照產生斑點。	
5	每日基礎保養的乳液、隔離霜產品，全部選擇兼具防曬效果的最方便。	
6	粉底會造成肌膚負擔，沒必要時盡量避免化妝，平常外出只需塗抹防曬乳。	
7	SPF值越高的防曬乳其防曬效果越好，不需要擔心變黑	
8	要從體內開始美白，可多攝取維他命C。	
9	當臉上出現斑點時，應使用美白產品保養肌膚。	
10	所謂的「美白」，意思是：使肌膚變白。	
11	經常做表情有助於鍛鍊表情肌，預防皺紋。	
12	隨著年齡增長肌膚會越往下垂，塗抹精華液時應由下往上，拉提肌膚似的塗抹。	

答案請見P9

問題集 毛孔‧體毛

1	清除阻塞在毛孔中的污垢後，毛孔會縮小，變得不明顯。	
2	對付毛孔污垢最好使用撕除型面膜，效果極佳。	
3	透過果酸換膚能有效保養毛孔。	
4	介意毛孔粗大問題的人，可用卸妝油加以按摩，徹底清除毛孔底層的髒污。	
5	膚質脆弱的人如果用刮刀除毛的話會很容易過敏，最好用拔除的方式。	
6	為了消除黯沉，偶爾可以將臉上細毛做一次大掃除。	
7	生理期前盡量不要做除毛動作。	
8	只要接受雷射除毛手術，每個人都可以達到永久除毛的效果。	

答案請見P9

生活篇

1 (×) 生菜會使體質虛冷，且黃綠色蔬菜不易被人體吸收。應攝取溫熱蔬菜。 (參考 P35)
2 (×) 蛋白質是組織肌膚的基本原料，可多攝取低脂肪的肉類。 (參考 P36)
3 (×) 營養補充飲品含有高量咖啡因。要使肌膚恢復原有機能，除了充分休息以外別無他法。 (參考 P38)
4 (×) 光靠喝水是無法提高肌膚及身體的新陳代謝，多運動才是提高新陳代謝的不二法則。 (參考 P39)
5 (○) 冰冷的食物會導致身體由內而外虛冷，造成血循不良、肌膚新陳代謝下降。 (參考 P39)
6 (×) 出汗的位置為汗腺，並非毛孔。流汗量多寡並不等於美肌效果。 (參考 P205)
7 (×) 藉由補眠雖可恢復疲勞，但卻無法幫助肌膚的再生功能。 (參考 P42)
8 (×) 睡眠時間不固定的話會擾亂體內生理時鐘，影響成長荷爾蒙的分泌。 (參考 P43)
9 (×) 不自覺的壓力往往會在無形中侵蝕肌膚。 (參考 P44)
10 (×) 生理期前肌膚較為敏感，很容易引發化妝品過敏…等問題。 (參考 P47)
11 (×) 女性荷爾蒙的作用，應該只具備預防斑點、皺紋的效果。 (參考 P48)
12 (○) 易冷體質，也就是血循不良，會對肌膚產生不好的影響。應控制冰冷食物的攝取，適度的運動。 (參考 P35)

基礎化妝品篇

1 (×) 卸妝油的洗淨力過強，改用卸妝乳較佳。 (參考 P53)
2 (×) 卸妝潔膚布的刺激性較強，時間不夠時可簡單用溫水洗淨、或以濕毛巾擦臉即可。 (參考 P53)
3 (×) 眼唇專用卸妝品會造成肌膚非常大的負擔，可用卸妝油卸除睫毛膏。 (參考 P56)
4 (○) 化妝水並非必須品，當肌膚狀態不佳時可暫時停用一陣子。 (參考 P63、100)
5 (×) 乾燥與皮脂之間無直接關係，主要是因水分不足所致。應洗淨多餘皮脂。 (參考 P58)
6 (○) T字部位與U字部位的膚質型態不同，清洗方式也應該做區分。 (參考 P61)
7 (×) 肌膚水分的來源並非化妝水，而是從肌膚底層製造出的水分及分子釘。 (參考 P62)
8 (×) 即使以拍打的方式也無法使之滲透進肌膚底層，反而還會造成肌膚的負擔。 (參考 P64)
9 (×) 「油脂保護層」是過去的保養觀念。正確作法應該是塗抹富含保濕成份的精華液。 (參考 P68)
10 (○) 保濕所不可或缺的，應該是補充「分子釘」等精華液。 (參考 P66、82)
11 (×) 只要對該防腐劑不會產生過敏反應的話，不構成大問題。 (參考 P54)
12 (×) 大多數隔離產品的刺激性偏高，不妨以保濕精華液替代。 (參考 P67、73)

問題集 面皰

1 (○) 日積月累的疲勞、壓力都是造成荷爾蒙失調的主因。 (參考 P172)
2 (×) 正常洗臉的情況下還是不停長痘痘的話，極可能是荷爾蒙失調所致。 (參考 P178)
3 (×) 乳液中的油份可說是痘菌的營養來源，嚴禁塗抹於面皰位置。 (參考 P181)
4 (×) 痘痘肌專用保養品通常含有殺菌配方，反而容易引起發炎、紅腫等症狀。 (參考 P177)
5 (×) 一般而言，粉餅不會造成痘痘惡化。 (參考 P188)
6 (×) 對於已形成的痘痘，即使擦藥也不會加快痊癒速度。 (參考 P192)
7 (○) 已經凹陷的痘疤無法完全復原。 (參考 P196)
8 (×) 在適當的時機下，技巧純熟的將痘痘擠出，反而更快痊癒且不留痕跡。 (參考 P198)

問題集 **乾燥・肌膚粗糙**

1 （×）「乾燥肌」意指角質層的水分不足；相反地，水分充足則為「潤澤肌」。 （參考 P80）
2 （×）即使皮脂分泌量多，但缺少分子釘的話也會形成乾燥肌。 （參考 P80）
3 （×）自出生後，人體內的分子釘便持續減少，肌膚越來越乾燥。 （參考 P80）
4 （○）體內在睡眠時間會製造出分子釘。經常睡眠不足易導致分子釘的分泌量減少，肌膚乾巴巴。 （參考 P86）
5 （×）唯有類似固狀面膜這種產品，才能將養分完全密封在肌膚裡。其它面膜對於肌膚的滲透性不佳。 （參考 P90）
6 （×）喝下的水分與肌膚的水分無關。 （參考 P39）
7 （×）從外在噴灑水分於肌膚上不但很容易蒸發，而且會更助長乾燥的形成。 （參考 P102）
8 （×）乾燥肌膚需要補充保濕成份，但化妝水中的含量極少。 （參考 P82）
9 （○）藉由果酸換膚可提高肌膚新陳代謝，增生分子釘，因此肌膚含水量也隨之上升。 （參考 P87）
10 （×）粉底液含有界面活性劑…等成份，刺激性很強。 （參考 P91）
11 （○）手掌、腳底雖然很容易出汗，但沒有皮脂腺。 （參考 P93、94）
12 （○） 即便是長期使用的保養品，也極有可能突然發生不適用的情況。 （參考 P96）

問題集 **肌膚老化**

1 （×）真皮層的皺紋並非由乾燥引起，而是膠原蛋白變質所導致。 （參考 P68、152）
2 （×）喝下的膠原蛋白無法附著於肌膚。 （參考 P163）
3 （×）紫外線本身不具熱能，因此即使感覺不到熱氣，紫外線卻可能非常強烈。 （參考 P116）
4 （○）肌膚白皙的人通常對紫外線較為敏感，照射紫外線光後會促進斑點、皺紋的生成。 （參考 P125）
5 （×）兼具防曬效果的乳液及隔離產品大多含有化學成份。 （參考 P127）
6 （×）比起防曬乳，粉餅對肌膚更溫和。 （參考 P131）
7 （×）使用量不足的話很容易曬傷。 （參考 P130、133）
8 （×）吃進去的維他命C養分，很難真正到達皮膚。 （參考 P134）
9 （×）使用美白保養品對付已生成的斑點，不可能完全消除。 （參考 P141）
10 （×）美白成份含有抑制麥拉寧色素生成的作用。除了麥拉寧以外的色素並不會變白。 （參考 P146）
11 （×）故意做表情很容易產生多餘的皺紋。 （參考 P154）
12 （×）鬆弛的主因是由於膠原蛋白的流失，即使做拉提也沒有意義。 （參考 P155）

問題集 **毛孔・體毛**

1 （×）大多數的情況下，毛孔粗大並非是毛孔阻塞所導致，而是皮脂腺本身過大的因素。 （參考 P210）
2 （×）撕除型面膜雖然可短暫帶走髒污，但皮脂髒污依然不斷形成，治標不治本。 （參考 P210）
3 （○）透過果酸換膚去除多餘老廢角質後，會促進增生膠原蛋白，使毛孔不明顯。 （參考 P210）
4 （×）即使清除毛孔內的污垢，也不會使毛孔縮小。 （參考 P53）
5 （×）拔毛可能會使毛孔化膿、形成斑點。肌膚脆弱的人傾向以永久除毛手術改善。 （參考 P214）
6 （×）清除臉上細毛時會連角質也一併剝落，黯沉的問題解決了，卻反而形成斑點。 （參考 P214）
7 （○）生理期前免疫力降低，即使一個小傷口也很可能發炎、化膿。 （參考 P219）
8 （×）雷射除毛不適用於膚色黑的人，很可能造成皮膚灼傷。 （參考 P226）

目次 Contents

第3章 認識基礎保養品 50

第4章 解除肌膚問題的秘訣 76

乾燥・粗糙 78

形成乾燥肌的原因是什麼呢？ 79

《Dr.'s Skin Care 1》

（專欄）

SKINCARE BASIC TEXT BOOK

第1章 認識肌膚構造

經常有人在肌膚發生狀況時，
便急急忙忙更換自己的保養品清單，
但是，光是著重在保養品是不夠的，
我發現有許多人，可能連自己的肌膚也不曾仔細觀察過。
你真的了解自己的肌膚構造嗎？
如同培育花朵的道理，
一定要熟悉該品種花朵的特性不可。

想要養成美麗的肌膚，
深入了解「肌膚構造」，是非常重要的。
越是了解肌膚，就越能窺見肌膚真正的需求。
如此一來，自然會知道，
肌膚到底需要什麼？不需要什麼？

part one

skin structure

皮膚的構造

皮膚由三層組織構成，即表皮層、真皮層及皮下組織層。這是肌膚保養時一定要知道的知識，其中，我將針對表皮及真皮的構造，詳細說明。

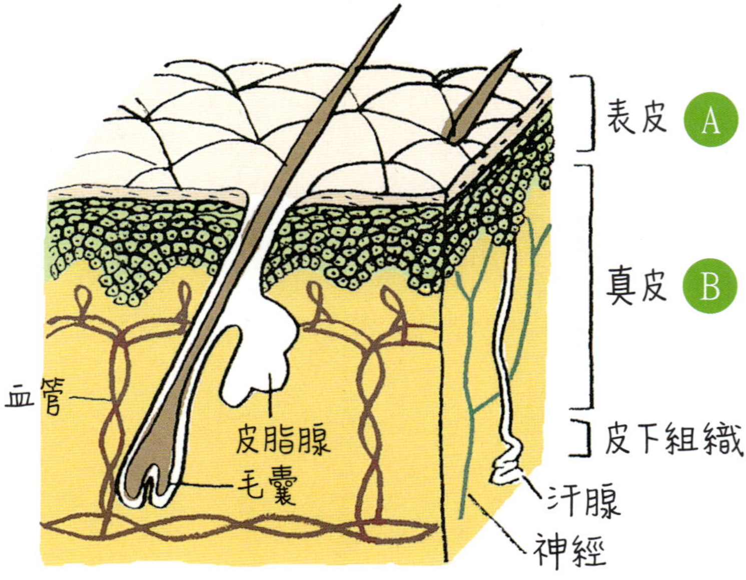

A 表皮

表皮位於皮膚最外層，而一般我們所耳熟能詳的「角質層」，也是屬於表皮的一部分。表皮層又可區分為：表皮最上層的壞死細胞（角質細胞）層，亦即角質層；以及其下方的活細胞（表皮細胞）層。

●角質層

位於肌膚最表面，表皮細胞至此已完全死亡，轉變為角質細胞，最後形成角質層。約含有30%的水分。

負責保護肌膚，抵擋所有碰觸到皮膚表面的外來刺激，此外，可防止肌膚水分蒸發流失，發揮屏障功能。（角質防禦機能。請參考P24）

老廢的角質細胞最後會移到最外層，形成污垢脫落掉。（再生週期。請參考P22）

●角質層以下的表皮

與角質層不同，是由活細胞（表皮細胞）所組成。約含有65%的水分。接收外在刺激後將它傳導至神經，有時會引起過敏反應…等，具有各式各樣的功能。總之，是屬於人體的活器官之一。

臉上表皮的厚度約為0.1公釐，約每隔28天更新一次（再生。請參考P22）。然而，隨著年齡增長，肌膚更新速度將越趨於緩慢，活細胞層會變得越來越薄。

基底層位於表皮的最下方，如同一個小工廠，會不斷製造出新的表皮細胞。而黑色素細胞也存在於皮膚的基底層中，當接收到紫外線的照射後，會促進分泌麥拉寧色素以保護肌膚（請參考P28）。

●黑色素細胞

分泌製造出麥拉寧色素細胞。

B 真皮

位於表皮層的下方，約有70％是由膠原蛋白纖維所組成。

膠原蛋白會在表皮層中組成網目狀結構，維持真皮的彈性。而膠原蛋白之中處處都可見到一種名為「彈力蛋白」的纖維，正如同是支架般，撐住整個膠原蛋白架構。一旦這些纖維老化失去彈性，真皮組織將會塌陷，形成皺紋。

此外，在上述兩種膠原纖維四周，存在一種玻尿酸(Hyaluronic Acid)的膠狀物質，可幫助儲存真皮層水分。

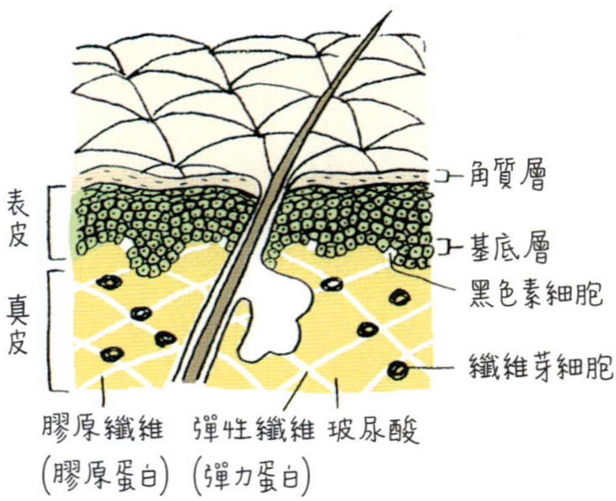

●膠原蛋白

為構成真皮的主要成份。如同橡膠般，具有彈性的纖維。由纖維芽細胞中製造出來，一旦變老舊會立刻被酵素分解（請參考P30）。膠原蛋白變質、減少，都是造成皺紋的主要原因。

有許多保養品中也含有膠原蛋白成份，但也僅止於保濕效果，無法滲透入真皮層中進而改善皺紋。

●彈力蛋白

彈力蛋白（彈性纖維）負責支撐住膠原蛋白纖維，補強皮膚的結締作用。約占真皮層的5％左右，隨著年紀增長會逐漸減少，使皮膚開始出現皺紋。

●纖維芽細胞

負責製造出真皮的主要成份：（膠原蛋白、彈力蛋白、玻尿酸），組織真皮構造。

●玻尿酸

是一種黏液多醣體的透明質酸，存在於肌膚的真皮層中。分散於真皮層中膠原蛋白與彈力蛋白之間的網狀結構縫隙，支撐起肌膚彈性。

玻尿酸本身可攜帶大量水分，因此肌膚中的玻尿酸含量越多，真皮層越是呈現水嫩飽滿。

隨著年紀增長玻尿酸開始流失，造成真皮層中的水分也慢慢減少。簡單來說，嬰兒的肌膚可說是玻尿酸含量最多的時期。

除此之外，人體的手腕、足部關節中也含有玻尿酸。膠質的玻尿酸具有潤滑油般的機能，幫助關節順暢的活動伸展。玻尿酸也存在於眼睛之中，維持眼球濕潤。

如上所述，人體各個部位都必須仰賴玻尿酸維持水分，然而，非常遺憾的是，它會隨著年齡增長而減少，且無法從食物中獲取。

●皮脂腺

分泌皮脂的皮脂腺細胞集結起來，構成皮脂腺。皮脂腺會在毛孔中不斷分泌出皮脂，最後沿著毛髮排出肌膚表面。

皮脂的主要成份為：脂肪酸物質約40％、蠟類約25％、鯊烯約10％。

●汗腺

分泌汗的汗腺細胞集結起來，構成汗腺。汗腺可分為小汗腺、大汗腺兩種類型。（請參考P205）

再生週期

所謂「turn over」原意中其實具有「替換」的意思，但在美容的領域中則專指皮膚的再生更新作用。基底層中製造出來的新表皮細胞，約每隔28天會自動角化形成角質細胞，最後變成髒污脫落。這樣的循環過程稱之為：肌膚再生週期。

經由肌膚再生週期表皮細胞會不斷的活化更新，因此表皮上的傷口才能夠治癒，且不留疤痕。即使是頭髮的分岔斷裂，頭髮也會產生再生活化的機能，自動恢復原貌。

然而，若是超越表皮，傷害到皮膚真皮層時，由於真皮層無法進行再生更新的作用，便會使傷口留下疤痕。

除此之外，當肌膚照射到紫外線時會分泌麥拉寧色素，如果它停留在肌膚表皮上的話，可隨著再生週期被代謝出去，恢復原本狀態；但如果色素是累積在真皮層的話，將會持續殘留於肌膚中，形成所謂的斑點。

你不可不知道的
美肌密碼
Keyword 1

再生週期擔負著如此重責大任，但它的速度卻會隨著年齡增加而減緩，到了40歲時大約要花上40天時間才能再度進行更新。到那時候，不但傷口復原的速度變慢，也很容易長出斑點。

更糟的是角質層一直變厚，角質層以下的表皮卻越來越薄。當發現自己的肌膚黯沉、緊繃、乾燥情況遲遲不見改善，甚至是開始出現小細紋的時候，正是肌膚更新週期減慢的最好證明。

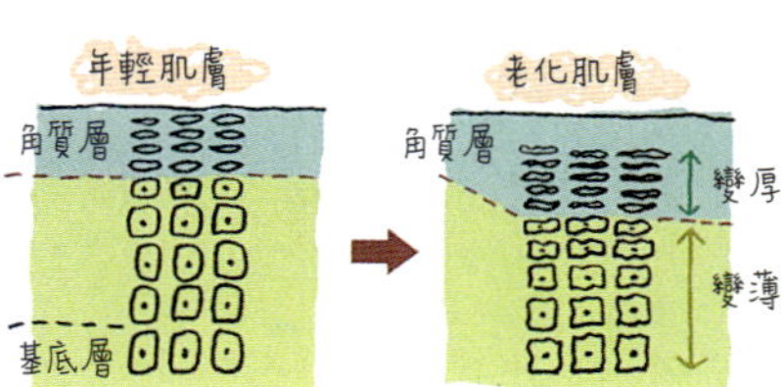

表皮的再生更新活動

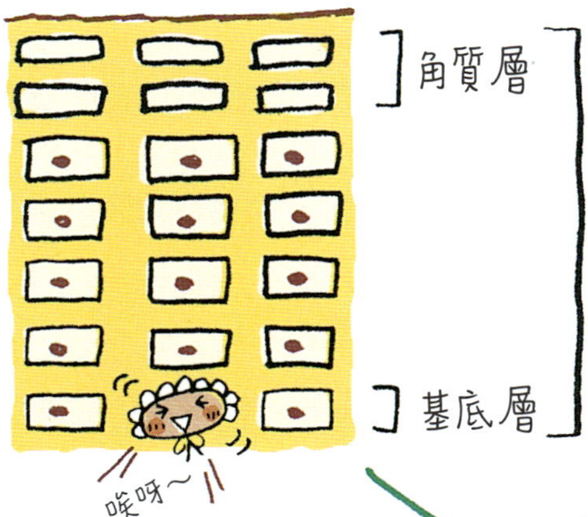

1 在基底層製造出「表皮細胞」

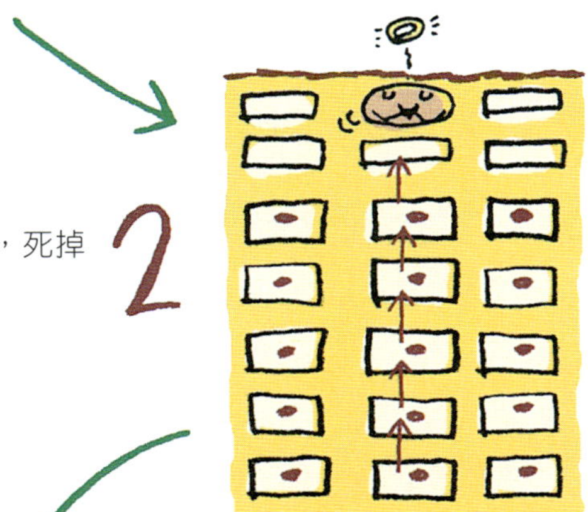

2 不斷往上、往上推擠，死掉後形成「角質細胞」

3 變成「髒污」脫落

角質防禦機能

即使我們用雙手沾取洗顏產品洗臉，清潔成份並不會滲透入皮膚底層，這是由於角質層具有一種「自我防禦」的機能。托此防禦機制的福，使我們就算進入高濃度的鹽海水裡時，體內細胞也不會因鹽醃而萎縮脱水。

肌膚最表面的死細胞（角質細胞）層即為「角質層」。以臉部的角質層來説，約由20層的細胞如同瓦片般層層堆疊而成，總厚度約0.02公釐。此極薄的角質膜層，可保護身體遠離外在因素的傷害（舉凡人體皮膚所接觸到的外來刺激），防止體內水分向外蒸發。這就是所謂的「角質防禦機能」。

健康的角質層能夠自己製造出保濕成份（尤其是神經醯胺），因此本身約含有30％的水分。當角質層水分含量降低時，很容易形成乾燥膚質，而一旦變成乾燥肌，防禦機能也會隨之受損。當肌膚失去防禦機能後，外來的刺激輕易就能進入肌膚裡，即使是一點點刺激也會影響到肌膚狀況，也就是所謂的敏感肌。此時，可能一塗抹化妝水、或只是被頭髮稍微沾到，肌膚便立刻產生搔癢症狀。

你不可不知道的
美肌密碼
Keyword 2

●核

原則上來説，每個活細胞之中都具有一個「核」的球狀構造。其他動物也好、植物也好，皆是如此。核的外圈由一層核膜所包覆住，其內部存在著DNA染色體（如各位所知，其作用在於攜帶遺傳物質）。因此，我們可藉由「核」的有無，判別出該細胞是否為活細胞。表皮細胞具有核，而角質細胞為死細胞，因此不具有核。

健康的肌膚

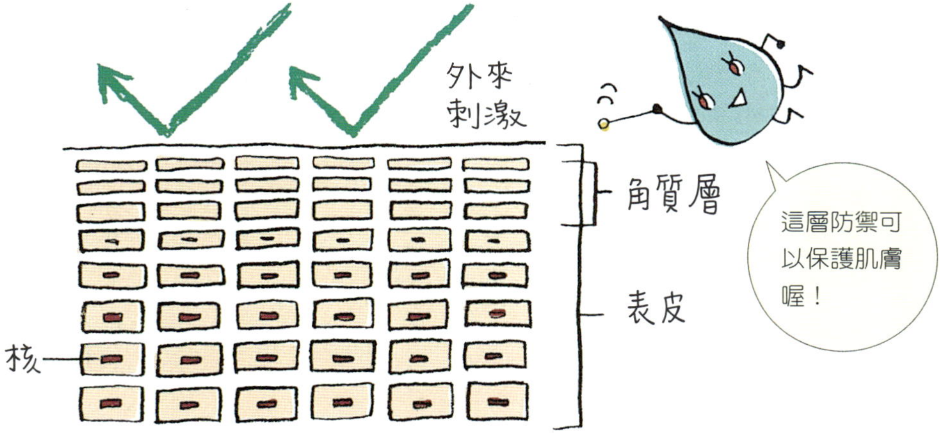

不健康的肌膚（如：乾燥肌…）

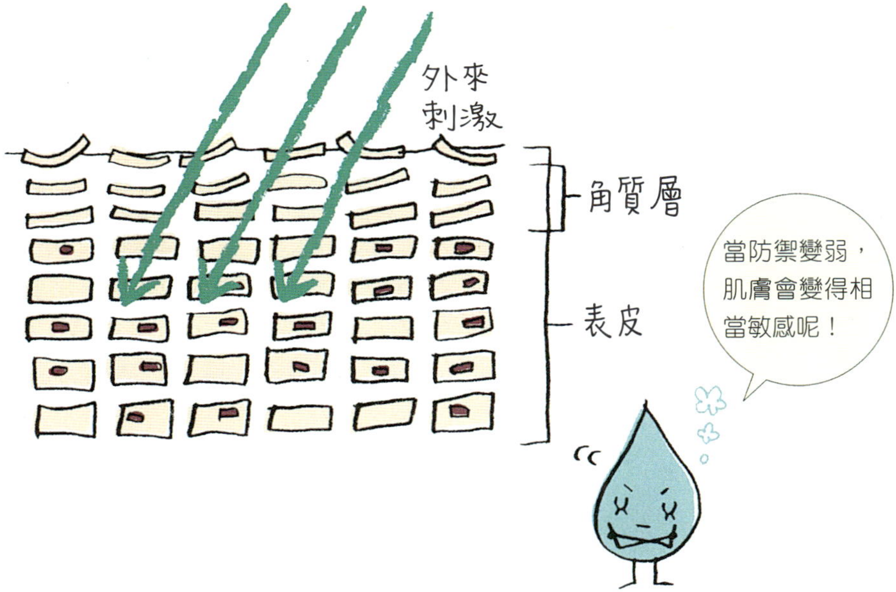

你不可不知道的
美肌密碼
Keyword 3

Ceramide（神經醯胺／分子釘）

事實上，角質的防禦機能與肌膚當中的「ceramide」含量有著密切關聯。當神經醯胺減少時，防禦機能也會隨之變弱。

角質層的結構，就如同磚瓦與水泥間的關係。如果將角質細胞比喻為磚瓦，那麼神經醯胺這類的角質細胞間脂質就是水泥，將角質細胞緊緊相黏在一起。

角質細胞間脂質的原料來源為膽固醇…等物質，在表皮細胞中被製造出來。它混合著各式各樣的脂質成份，而「ceramide」約占其中的40％。剩餘的60％約為神經鞘脂類（sphingolipid）、游離脂肪酸…等物質。這些脂質會與水份做結合，守住肌膚中的水分，並阻隔外界的刺激，充分發揮保護肌膚的重責大任。

正因為角質層是如此緊密堆疊而成的，所以當水泥的部份（ceramide 等角質細胞間脂質）不足時，磚瓦（角質細胞）會開始鬆動，甚至造成一部分脫落，使肌膚表面開始出現脫皮。在肌膚的磚瓦脫落後，當然防禦機能就會明顯下降，使得外界刺激輕易進入肌膚裡面。因此，在這種脫皮狀態下洗臉，肥皂的清潔力很容易滲透進去，傷害肌膚。

神經醯胺能夠支撐起磚瓦，保持水分，對肌膚而言是極為重要，且不可或缺的存在。

然而，表皮中的神經醯胺生產量會隨著年齡增加而遞減，慢慢形成乾燥肌膚。

健康的肌膚

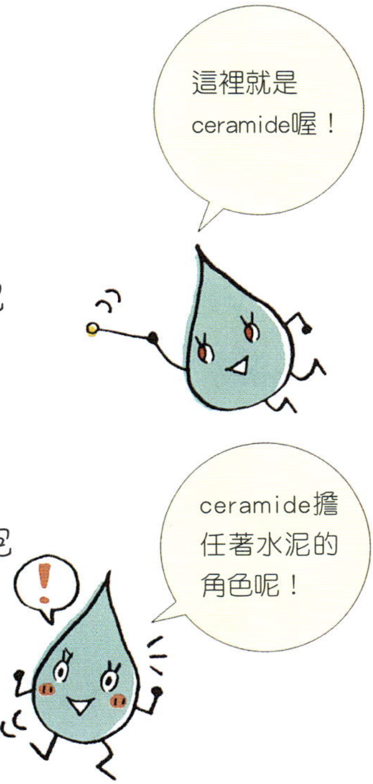

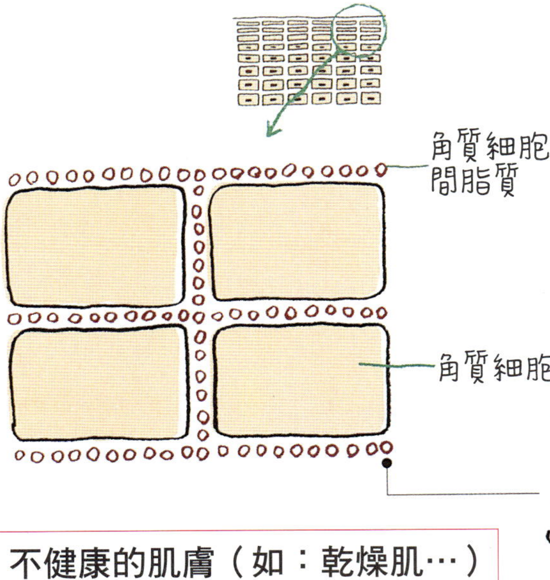

不健康的肌膚（如：乾燥肌…）

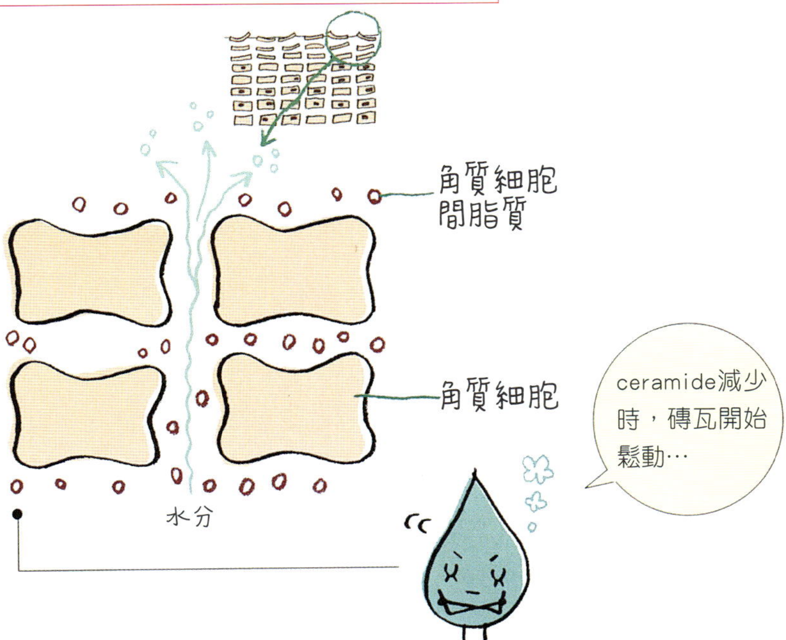

你不可不知道的
美肌密碼
Keyword 4

基底層

位於表皮最深層之處，與真皮層相連的部份，稱之為「基底層」。這個部位就如同一個小工廠，負責製造出新的表皮細胞。亦是肌膚更新再生循環的起點。

基底層自血液中取得養分及氧氣，幫助細胞分裂順暢，產生新細胞。因此，若是經常減肥導致營養不足（特別是蛋白質不足）、或有抽煙的習慣造成身體血循不佳，都會妨礙到肌膚的更新週期。

基底層自身會形成一道強而有力的膜層，背負「保護真皮」的使命。原則上基底層上方的表皮層會藉由肌膚的更新週期，自行修復受損部位，但如果是傷及真皮層的情況，肌膚將無法完全復原。因此，基底層一定要強力的捍衛住真皮層，使之不受損害。

肌膚的傷害是否能夠完全修復治癒呢？其命運決定於「基底層」的作用。

除此之外，基底層中含有「黑色素細胞」，會在必要時製造出麥拉寧色素以保護肌膚。就像在肌膚上拉起一扇黑色窗簾，阻絕外來的傷害，使紫外線不會到達真皮層。

然而隨著年齡增長，基底層的機能會慢慢退化，嚴重時可能會造成麥拉寧黑色素沈澱在基底層下方的真皮層。當然，這個沈澱的部份，最後將會形成斑點殘留。

這也就是為什麼，同樣都照射到紫外線光，但年紀大的時候會比年輕時更容易長出斑點的主要原因。

製造出表皮細胞

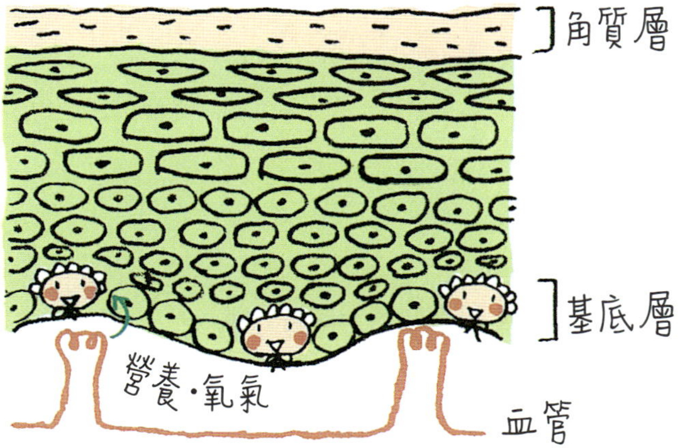

製造出麥拉寧色素

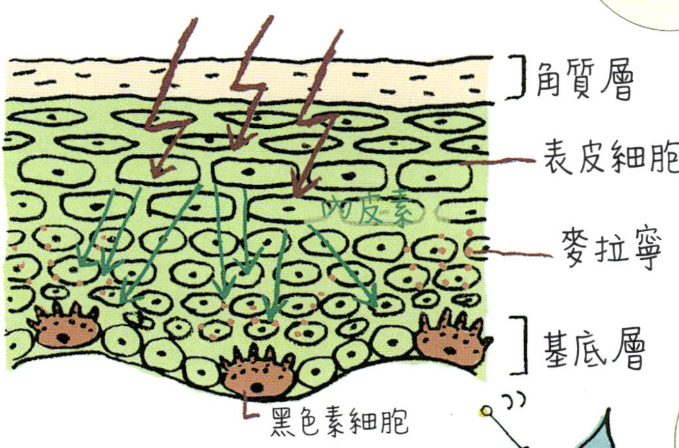

膠原蛋白

你不可不知道的
美肌密碼
Keyword 5

「膠原蛋白」為蛋白質的一種，具有纖維狀構造，廣泛存在於人體的肌膚、肌肉、骨骼、內臟器官…等部位。膠原蛋白纖維亦可稱之為膠原纖維。

皮膚裡的膠原蛋白主要存在於真皮層。真皮層約由70%的膠原蛋白所組成。膠原蛋白含有如同橡膠般的彈力纖維，因此按壓肌膚後會立刻恢復原位，具備些許伸縮性。然而，紫外線的傷害或年齡增長…等原因都會使之退化，就像老舊的橡膠一樣，失去原有彈性。

膠原蛋白為一種纖維體，雖非活細胞，但也不能稱之為死細胞。因此，它不像表皮細胞具有淘汰重生（更新再生）的作用。

膠原蛋白由一種纖維芽細胞製造出來，一旦產生老化會被酵素慢慢分解掉。它的新陳代謝速度非常緩慢，尤其是真皮層的膠原蛋白，雖然維持著代謝活動，但時間卻長達2～6年。（雖然2年及6年的時間差距相當大，但由於實在耗時過久，導致很難精準測量出正確時間。）

以上這段過程，指的是直到40歲左右的肌膚情況。一旦超過40歲，體內幾乎就不太會製造出新的膠原蛋白。

因此，膠原蛋白只會越來越老化、數量越來越少。這就是年紀漸長就會形成皺紋與鬆弛現象的主因。

健康的狀態

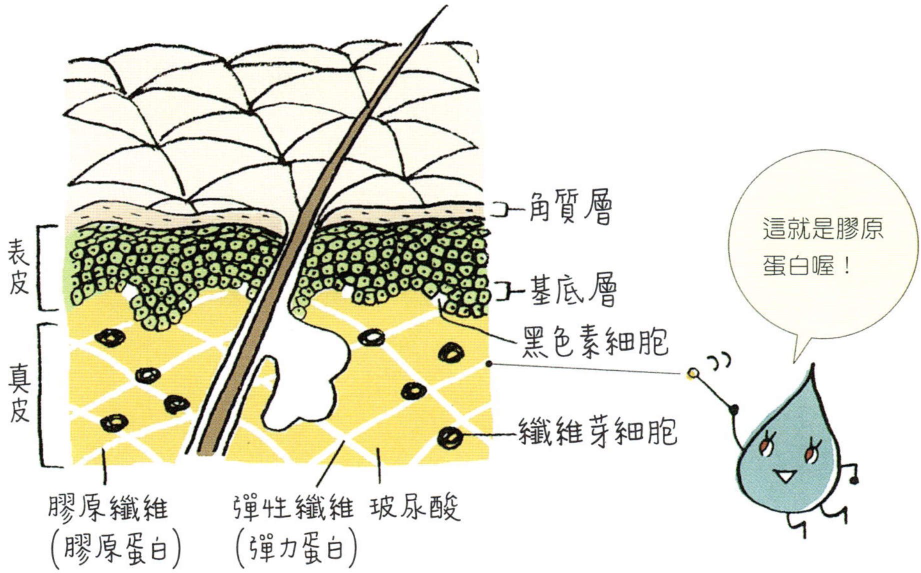

形成皺紋時的狀態

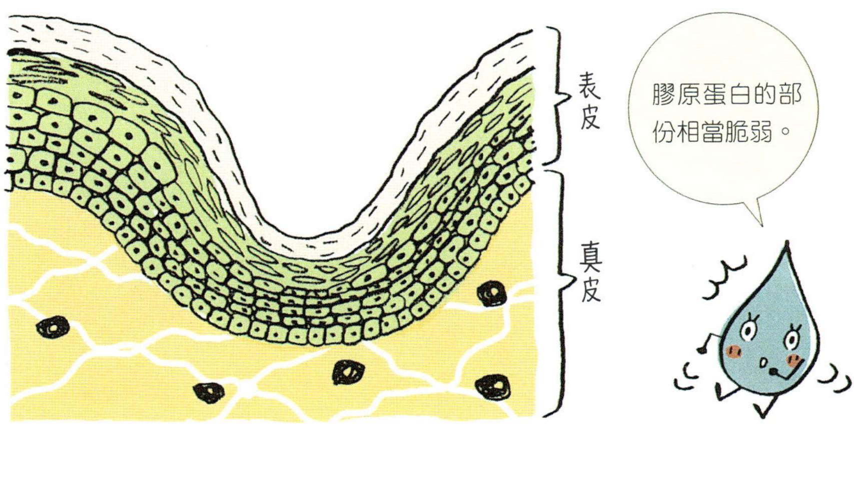

第2章

認識「體內美肌」的正確方法

想要保持肌膚美麗健康，
光靠外在保養是不夠的。
首先，一定要有健康的身體，
才可能擁有健康的肌膚。
飲食、睡眠、運動…等各方面，
你對自己日常的生活作息，花了多少心思去經營維持呢？
依賴營養補給品，

part two

be good for the skin

無法恢復身體的元氣。

唯有健康的身體、健康的心靈，

時時保持良好的生活習慣，

真正的美肌，應該由內在保養做起。

一天攝取一次，自製黃綠色蔬菜食譜

只吃生菜沙拉會造成身體所需維他命不足

許多號稱「吃了對肌膚很好的食物」，往往都是經電視節目的大力宣傳後，瞬間之內變得十分搶手。舉凡茶、蔬菜、油類…等等，數也數不清的食品，都曾一度造成流行後又隨即消失。但是，真正能夠持續流傳下去的又有幾樣？由此可見，沒有這麼簡單就能發揮效果。

那麼，真正「對肌膚有益的飲食」，應該從何著手呢？

調查結果顯示，20～30歲之間單身女性的飲食習慣幾乎都有一個共通點，絕大多數人偏向攝取「碳水化合物」，而且蔬菜的攝取「多從沙拉、果菜汁中獲得」。如：麵包、飯糰、義大利麵、烏龍麵……等，女性喜愛的食物中皆含有多量的碳水化合物。生菜沙拉一般給人「流行」「不會發胖」的印象，人氣居高不下；而沒有多餘空閒時間的人，則經常喝蔬果汁等飲品補充營養。在銀座的便利商店往往一到午休時間，就可以看到許多手裡拿著麵包、御飯糰、沙拉、蔬菜汁的上班族小姐正排隊等著結帳的場景，餐廳也經常推出義大利麵&沙拉的午間商業套餐。

但是，這類食物與所謂的美肌飲食之間，可說是相距甚遠。

碳水化合物是熱量的主要來源（請參考P244），無法供給肌膚養分。它便宜美味，也會產生飽足感，但卻不具任何美容價值。

此外，生菜沙拉中放的蔬菜，幾乎全都是維他命含量極低的食材，且常吃的話容易造成身體虛冷。易冷體質容易造成血液循環不良，使營養不易送達肌膚，降低肌膚新陳代謝機能。

相同地，光靠蔬菜汁是無法補充身體足夠的維他命，與沙拉一樣屬於冷性食材，不宜攝取過量。

美肌首選為含有β—胡蘿蔔素的黃綠色蔬菜

若以肌膚保養的觀點為出發點，其中營養價值最高的首推「β－胡蘿蔔素（維他命A）」。β－胡蘿蔔素具有強力抗氧化作用，能夠有效預防肌膚粗糙、老化。大多存在於菠菜、紅蘿蔔…等黃綠色蔬菜中。除此之外，維他命C也具有抗氧化作用，可幫助肌膚加強紫外線防禦能力。一般如：馬鈴薯、白色花椰菜…等淺色蔬菜中皆含有大量維他命C成份。

只要將黃綠色蔬菜放入微波爐加熱後即可食用，非常方便

因此，想要保有美麗的肌膚，不妨以「一天攝取100克黃綠色蔬菜，200克淺色蔬菜」為原則，將蔬菜溫熱後再食用吧。但是，請特別注意，如便利商店所販賣的即食菜，通常距離煮好的時間很久，不但含有許多添加物，且裡面的維他命成份早已遭到破壞。因此，盡可能自己煮來吃是最好的，如果是一個人住，不方便煮食的話，不妨選擇冷凍食品也非常方便。只需將冷凍蔬菜微波加熱後即可食用，且冷凍食品中大多不含防腐劑，可安心食用。

溫熱的蔬菜搭配上低熱量的肉類或魚類一同食用

還有一點值得注意的是：其實女性體內容易缺乏蛋白質。一般人的刻板印象常常將肉類與肥胖劃上等號，因此對它敬而遠之，但是蛋白質為生成肌膚的主要原料，一天至少必須攝取100克才足夠。擔心熱量過高問題的話，可挑選脂肪較少的部位（如雞胸肉、豬腿肉…等），並在料理時去除多餘脂肪。除了肉類以外也可以選擇白身魚之類，以高蛋白、低熱量為佳。

其他如：豆類、海藻、根菜類…等食材也要充分攝取。盡量避免高鹽分、高刺激性食物、以及多餘動物性脂肪。

容易便秘的人請改食用玄米

盡可能將傳統米飯改為玄米吧。特別是有便秘困擾的人，尤其需要。

我們都知道便秘是肌膚大敵，這是由於腸內細菌生態失衡使腸內環境遭到破壞的結果，不僅如此，還會妨礙到美肌所需的維他命B群的合成作用。

而玄米中除了含有維他命B群、鐵質、及各種礦物質之外，更包含均衡的水溶性與不溶性的食物纖維。它會在腸內產生膨脹，刺激腸壁，有助於促進腸子的蠕動。解除便秘問題，使腸內環境保持健康。

自古以來，日本人原本就屬於肌膚紋理細緻的民族，比起歐美人，肌膚老化的速度也較為緩慢。多虧了日本傳統飲食文化的影響，才能造就出這個美肌的民族。如：米飯、味噌湯、烤魚、漬菜…等一般日式的食物，都對肌膚極為有益。

●代表性的黃綠色蔬菜

秋葵、南瓜、小松菜、四季豆、碗豆、紫蘇葉、茼蒿、青梗菜、韭菜、紅蘿蔔、荷蘭菜、青椒、青花菜、菠菜、高麗菜芽

●代表性的淺色蔬菜

蕪菁、白色花椰菜、甘藍菜、苦瓜、甜薯、馬鈴薯、白菜、豆芽菜、蓮藕

盡量避免含有咖啡因的飲品，多喝溫熱草本茶

含有咖啡因的飲品，一天最多只能喝2杯

似乎許多女性都有「因為飲食與肌膚息息相關，所以非常講究，但對於飲品就幾乎不在乎」這樣的傾向。

首先，請特別注意是否有咖啡因攝取過量的問題。由於咖啡因屬於神經興奮物質，不當攝取的話肯定會對身體產生危害。尤其是在晚上八點過後攝取，會影響睡眠品質，進而妨礙到睡眠時間的肌膚再生作用。因此，如：咖啡、紅茶、綠茶、烏龍茶、可可亞…等含有咖啡因的飲料，請避免於晚間飲用，且一天控制在2杯以內為佳。

還有另一個注意的是：以恢復疲勞為目的的營養補充飲料，也必須特別小心。有許多女性習慣會在感覺疲勞、或快要感冒的時候，飲用這類的飲品。營養補充飲品的內容成份，主要是在葡萄糖、維他命中加入咖啡因而製成的。葡萄糖會立即轉換成能量，且咖啡因具有提神效果，因此會使人產生「好像充滿活力」的錯覺。但是，終究未能使身體得到充足的休息，實際上它並非真正能夠恢復疲勞，而是我們的一種錯覺罷了。小心攝取過多咖啡因造成咖啡因中毒！不知不覺中形成的慢性咖啡因中毒，一旦中斷攝取咖啡因，可能會出現焦慮不安、手震…等症狀。

與酒精中毒、尼古丁中毒的情況一樣。因

此，雖然這類營養補充飲料很容易讓人產生依賴，但請一定要避免過度頻繁的飲用。

小心喝太多水反而使肌膚代謝變差

我發現有相當多的女性都喜歡喝冷飲。隨著便利商店一家又一家的開張，大家好像已經養成每天隨身攜帶一瓶罐裝飲料的習慣。但是冷飲不但會造成體內虛冷，更會使肌膚新陳代謝機能下降，即使在炎熱的夏天也最好盡量避免。冷飲是越喝越喜歡，越喝越戒不掉啊！如同經常吃重口味的食物，當身體慢慢習慣重口味之後，就變得更加離不開它的道理一樣。

那麼，一個人每天到底需要補充多少水分才是正確的呢？現代人常常犯的一個毛病就是：水分攝取過當。明明口不渴也會喝茶、身邊永遠放著一罐寶特瓶飲料、總覺得嘴巴空空的，不由得又喝了幾口……。身體的排汗量因人而異，或是依照季節、及運動量的差別而有所不同。關於一天應該攝取幾公升的水分其實並無一定的基準，但如果在不口渴的時候卻拼命喝水，就等同於肚子明明不餓卻一直吃東西的道理一樣，是極不恰當的行為。

我們所喝下的水經由大腸被人體吸收，並從腎臟轉換成尿液後排出體外。有的人或許在喝水時會產生一種「身體被洗淨」的感覺，但喝下過多的水，只會增加多餘的尿量，完全無法達到淨化作用。人體的構造並非水管，不是簡單「用水清洗」就能達到清潔的效果。腸胃、腎臟的機能有限，喝水過量只會造成器官無法負擔、腸胃受損，甚至是引發水腫。想當然爾，水腫對於肌膚的代謝功能有損無益。總結來說，喝水過多是美容的大忌啊※！

雖然水本身是無害的物質，但過量攝取將會危害健康。請記得只需在感到口渴的時候，取溫開水，一口一口慢慢的喝下。

※**飲水與肌膚…** 一般人的想法大多會認為在乾燥的室內應多喝水補充水分才對，然而事實上，喝水與補充肌膚水分兩者之間沒有任何關係。肌膚乾燥是由於肌膚中的保濕因子（Ceramide神經醯胺/分子釘）減少所造成的現象，並非是體內水分不足。

飲品

避開冷飲，以溫草本茶替代

請參考以下介紹的美肌一族所必備，正確飲用水及茶品的方式。首先我要大力推薦不含咖啡因的草本茶，代替咖啡、紅茶。草本茶泛指使用芳香草本植物所沖泡出來的茶，從很久以前開始就被歐洲人作為藥草茶廣為流傳使用。不但具有療效，且香氣十足、風味獨特，不妨試著將草本茶融入大家生活的一部份。

早上起床時泡杯薄荷茶喝，有利於提神醒腦、振奮精神；體質虛冷的人則可多喝薑茶※改善症狀。

晚上吃飯時，請盡量搭配熱茶飲用。草本茶的部份不妨選擇具有促進消化系統的薄荷，亦可達到安撫緊張情緒、舒緩放鬆的效果。在餐廳吃飯的話，請記得提醒服務人員將水去冰後再飲用。

白天口渴時，偶爾喝一杯熱茶也很不錯！想要對抗紫外線的侵襲，可多喝含有豐富維他命C成份的玫瑰果茶；擔心過度疲勞導致免疫系統下降的時候，可多喝紫椎花茶；而迷迭香沖泡的草本茶有助於提高集中力（此香草味道濃郁不適合直接飲用，請搭配複方草本使用）

另外，洗澡後，請盡量以喝常溫飲料為主。請特別注意，在喝冷飲時最忌諱大口大口地喝。而晚間時，則不妨多喝具有幫助睡眠效果的洋甘菊茶。

※**薑茶**… 將生薑泥或者薑汁放入溫紅茶裏面，喜歡偏甜口味的人可另外再加入適量的黑糖或蜂蜜。除此之外，牛奶與生薑的味道也很合。生薑具有暖身散寒促進發汗、提高腸胃機能、及殺菌作用。在有感冒前兆時趕快喝一杯，效果極佳。

草本茶的沖泡方式
（請使用花草茶專用馬克杯沖泡）

column

吉木醫師的美肌生活

生薑的神秘力量！

一提到能使身體產生溫熱感的食物，我想許多人都會立刻想到唐辛子吧?!但實際上，反倒是「生薑」更能發揮絕佳的暖身作用。雖然唐辛子會使人瞬間產生溫熱效應，但僅止於身體表面的熱感，消退後會變得更加寒冷。

生薑多被用於中藥藥方中，具有各式各樣的功效。我曾經歷過兩件事，皆讓我深刻體會到它的妙用之處。

其一，那是在某次休假中，我到峇里島遊玩時所發生的事。不知道是不是一下子從日本去到悶熱的峇里島的緣故，我好像中暑一樣，四肢虛軟無力。我在飯店咖啡廳休息時，無意間發現菜單中有一道「薑茶」，原本只是抱著喝喝看的心態，到後來竟會產生令人意想不到的神奇效果。

在茶壺中倒入足夠的熱水，並放入適量剝皮生薑直接浸泡。我原本預想應該是將生薑片放入茶中沖泡的，所以看到這幅景象時不禁目瞪口呆…，有點不安的將它倒入杯中後品嚐，沒想到味道竟會如此清香甘醇。就像是吃鮮薑料理時的感覺，散發出溫和的辛味，讓我感到全身舒暢。當我喝完3～4杯時，身體由內而外發汗，隨著汗水的流出，疲勞感也漸漸消退，身體慢慢變得輕盈起來。

但在日本沖泡這個薑茶的話，可能會因生薑品種不同，導致沖泡出來的味道也有所差異。因此，在家中最好是將生薑加入紅茶或花草茶中一起沖泡。

其二，則是在我兒子七歲時染上胃寒所發生的事情。當時他嚴重反胃嘔吐，吃什麼藥都無法止住嘔吐的情形，當時我突然想起當年生薑茶的妙用，於是在奶茶中加入適量生薑汁與蜂蜜攪拌後讓他喝下，過一會兒症狀立即改善許多。兒子用手指著喉嚨的部位，對我說：「辛味在這邊擋住了噁心想吐的感覺」，它的效果之好著實令我大吃一驚。

生薑在中藥裡的功效為：「溫中發汗，整腸健胃，止嘔」。但作為日常料理食用時，或許比較難感覺到它的效果。許多中藥中皆滲有生薑藥方，具有提升氣血的作用，效果極佳。其他如：感到身體虛寒時、反胃嘔吐時、或開始出現感冒症狀時…，皆可多加攝取生薑改善。

每日維持六小時睡眠，修護肌膚機能

累積一週量的肌膚再生活動，絕不可能只在一個週末的時間內就可完成

我經常詢問就診的病患，一天平均的睡眠時間約為幾小時呢？其中最常聽到的答案為：「5～6小時」。我仔細觀察後發現，事實上她們的皮膚狀態正是處於「六小時睡眠的美肌警戒臨界點」中，而一旦睡眠時間經常不足六小時的話，皮膚就會立刻變得非常粗糙。

有許多人光會注意飲食習慣好壞，卻忽略了睡眠的重要性，然而睡眠不足才是造成肌膚粗糙的最主要關鍵。睡眠對於肌膚的影響性遠遠大於飲食、或保養。

仔細回想看看，在熬夜後的隔天，是不是一整天都覺得疲累不堪、頭痛，身體狀況極為不佳呢？但是，假設在晚餐吃泡麵的情況下，也不可能馬上隔天一整天都感到身體不舒服吧！雖然說飲食及睡眠都非常重要，但是會立即反映在肌膚或身體狀態上的，應屬睡眠。

很多人都有一個壞習慣：在平常日時總是睡眠不足，一到週末就拼命補眠。身體的疲勞或許可以藉此解除，但皮膚卻不是這麼一回事。那是由於肌膚只能在睡眠時間中進行再生活動的緣故。

當我們起床後展開一天的活動時，血液會大量集中在腦部，因此營養不會到達肌膚。

而睡著後，血液就會慢慢回流至身體各部

位，也就能夠將營養傳送到肌膚了。除此之外，進入睡眠後的前三小時內會大量分泌生長荷爾蒙（請參考P49），並在肌膚底層不斷進行細胞分裂活動，總計時間至少需花費六小時。因此，假如在六小時內中斷睡眠的話，任誰的肌膚都很容易出現狀況。

肌膚每天晚上都會進行再生更新，所以，「在週末一次補完一星期份的睡眠，就能讓肌膚汰舊換新」的觀念是絕對行不通的。

養成每天同一時間入睡的習慣，可使荷爾蒙分泌順暢

我們經常聽到有人說：「晚上10點到凌晨2點為睡眠黃金精華時段，盡量在這段時間內入睡，有助於肌膚、身體的機能運作」，事實果真是這樣嗎…？

若根據日夜節律（circadian rhythm）學說※的原則，撇除原始時代不說，在現代社會中要規定每晚必須按時在10點鐘上床睡覺的話，根本就無法生存下去了吧！雖然每個人的情況不盡相同，但我認為大約只要在12點半前後的時間就寢應該就沒關係。

另外，若每天上床睡覺的時間都不一樣的話，也會嚴重打亂體內生理時鐘的秩序，後果不堪設想。生理時鐘與生長荷爾蒙息息相關，就寢時間的異常變化，會直接影響到生長荷爾蒙的分泌量。

再者，生長荷爾蒙主要是在人體進入睡眠後的前三小時內進行分泌的，因此這段時間的睡眠深淺度、睡眠品質的好壞便顯得格外重要。不妨在睡前一小時開始試著將房間燈光調暗，據說可促使松果體分泌褪黑激素（melatonin）荷爾蒙，進入深層睡眠。臨睡之前盡量避免閱讀報紙、看電視…等刺激神經的活動。如果對外面的照明光線非常敏感的人則可加裝遮光窗簾…等，製造出一個不會妨礙睡眠的環境是相當重要的。

※**日夜節律（circadian rhythm）**… 科學家認為人類的大腦內部具有一個受太陽光影響的生理時鐘，從眼睛接收到日光時開始計算，往後推算約14小時之後應進入睡眠準備，由此日夜節律時鐘支配著我們的生理活動。據說自遠古時代的人類習性中早已決定日夜節律週期，然而尚有其他學說對於睡眠有著不同的解釋，見解不一。

壓力

壓力會加速肌膚老化，使痘痘惡化

壓力，會直接顯現在人類最脆弱的部位。有的人因為壓力過大而出現拉肚子、胃痛、或生理期延遲…等症狀，也有人會因此導致肌膚粗糙不堪。

壓力究竟會在我們的身體、及肌膚上產生什麼樣的影響呢？

首先，壓力會激發體內活性氧的生成，促進肌膚老化（請參考P105）。由於人體免疫系統下降的關係，造成痘菌異常繁殖長出痘痘，較嚴重者痘痘大而紅腫，有時甚至會發炎流膿。荷爾蒙失調的結果，使得肌膚在生理期前變得更加粗糙。最令人擔心的是，它可能引發自律神經失調、失眠，進而妨礙肌膚新陳代謝的機能。

如上所述，壓力對於內臟器官機能、免疫系統、及自律神經皆會產生不良的影響，不僅僅是造成皮膚粗糙、肌膚老化，更可說是萬病的根源所在呀！

累了就休息，經常做運動，用笑容度過每一天

每個人都會感到壓力，因此不需要勉強自己，適時轉換心情是必要的

那麼，我們又該怎麼做才能宣洩壓力呢？

在此我將舉幾個實際病例，與大家分享我的

患者是如何成功克服壓力所引起的肌膚問題。

首先，最常見的一種情況就是工作壓力過大，最後不堪負荷只好辭職。很多這種「因工作壓力造成肌膚問題」的病人，在真正辭去工作後竟奇蹟般的治癒。但是，按照常理來說，工作怎麼可能如此簡單的說辭就辭呢？

其次，是根本不知道壓力原來就是造成問題肌膚的罪魁禍首。可能是因職場、人際關係這類慢性累積的壓力導致，所以患者很難立即察覺到壓力的存在。很多人或許會有「工作本來就是要不斷忍耐」這種想法，尤其是在個性一絲不苟的人身上最容易發生。然而，即使內心未能察覺，但壓力卻活生生的呈現在肌膚上，只要稍微思考一下就不難發現「其實自己正活在壓力當中」。

正視壓力的存在，讓心情盡量保持輕鬆愉悅，肌膚後來就慢慢恢復正常，也有這樣的實際案例。培養不同的興趣藉以轉移注意力，也是紓解壓力的好方法之一。做事總是過份認真的人，不妨稍微修正個性，適當放鬆自己也是必要的。

香氛的使用方式建議取一滴薰衣草精油（濃縮精油）滴在面紙後，放置在枕頭下方即可。另外，日本傳統香味對於沈靜心靈也十分有幫助。不需要想得太過複雜，選擇自己喜歡的香味即可。

最怕的一種情況就是：總不停地抱怨「我壓力真的很大」，隨便遷怒周遭，行動欠缺考慮我行我素的人。或許當事者認為這是自己宣洩壓力的方式，但肌膚問題並不會因此得到改善，且心情也變得越來越鬱悶。如果無法打從心裡感覺自己是幸福的，我認為倒不如說「任性妄為」本身，可能才是真正加重壓力的主要原因。

解除壓力最有效的方法就是：經常運動，好好吃、好好睡。沒有健康的身體，就沒有健全的心靈。另外，香味具有穩定情緒的作用，不妨可尋求芳香療法的協助。東洋醫學的觀念中也認為：香氣具有撫慰人心的神奇療效。

生理與荷爾蒙

女性荷爾蒙的變化與肌膚息息相關

東洋醫學中有一項古老的記載指出，「女性疾病比男性難治10倍」。女性的身體在正常情況下每個月都會進行一次排卵，俗稱為「生理期」，由於組成結構相當複雜，其衍生的疾病也隨之複雜化。

生理週期除了每個月都會發生一次大變動之外，其實從初經到停經為止的這段期間，女性荷爾蒙每年都會持續產生微妙差異，如果遇到懷孕、生產時，更是會出現戲劇性的變化。想當然爾，女性荷爾蒙的變化，會帶給肌膚多麼重大的影響。

經常留意生理週期及狀態

為更加了解生理變化，首先必須知道女性荷爾蒙的構造依作用可區分為兩大類：「黃體荷爾蒙（黃體素）」及「濾泡荷爾蒙（雌激素）」。

「黃體素」是肌膚狀態不穩定的主要原因

黃體激素（progesterone）主要是在生理期前由黃體所分泌出的荷爾蒙。黃體激素分泌的高峰期，油脂分泌量變得相當旺盛，容易生成面皰、斑點。這段時間身體容易浮腫、焦躁不安也都是黃體素所造成的結果。

而這些黃體素所引起的生理期前症狀，會隨著日常生活作息不規律、壓力過大…等因素變得更加明顯。依個人體質不同，多少都會出現一些類似情況，而我們又應該怎麼做才能盡量改善、緩和症狀呢？

首先，請記住這段時間（生理期前）肌膚比平常更加脆弱，因此請使用敏感肌專用的保養品保養肌膚較為恰當。特別是要避開面皰肌專用的保養品、也不要做美白…等刺激性的保養步驟，只需確實做好基本的保濕工作即可。但是，由於這段時期非常容易形成斑點，請格外小心做好紫外線防護。

我經常被問到一個問題：「生理期前會長痘痘，是不是與黃體素的分泌量增加有關呢？」但說實在的，成人痘痘的原因，並非只是因為哪個荷爾蒙增加？哪個荷爾蒙減少？如此單純而已。舉凡壓力、生活作息不正常…等，都可能會影響荷爾蒙分泌失調。（請參考P172）

「雌激素」使肌膚保持水嫩飽滿

雌激素荷爾蒙（estrogen）在生理期結束後會開始大量分泌，幫助增加肌膚水嫩度、及膠原蛋白的生成。女性想要擁有美麗的肌膚，受到雌激素的影響極深。

而近來「雌激素」這個名詞變得如此耳熟能詳，也是因為大家總算知道它與美肌之間密不可分的關係。雌激素甚至被封為「年輕肌膚之鑰」，相當受到矚目。

雌激素對於穩定生理週期有著非常大的貢獻，因此，如果因不當減肥造成生理期停滯的話，當然會加快肌膚老化的速度。生理就如同是美容、健康的測量器。不能因為目前沒有生小孩的計畫就忽視生理的重要性，即使生理期正常也不代表排卵正常，也有可能發生根本沒在排卵的情況。因此，當出現生理期不順、出血量明顯減少…等現象時，請立即到婦產科接受檢查吧！

如果以為「生理期不來反而更輕鬆」就置之不理的話，不僅是關係到肌膚老化的問題，甚至可能會發生早發性停經※的情況。養成測量基礎體溫的好習慣，藉此可確認排卵的有無。

女性在進入青春期時會開始大量分泌雌激素，約至30幾歲後半段時開始減少，隨著停經再急遽的下降。要維持正常的分泌量，除了「健康的生活」之外別無他法。這個部份並非是單靠藥物控制，增加雌激素的分泌量，如此簡單的問題。

即使是非常少量的荷爾蒙，都有可能會帶給人體極為重大的影響，如果只是為了美容而隨便服用藥物，是非常危險的。就像男性服用女性荷爾蒙藥物的話，也會變得越來越女性化一樣，荷爾蒙具有非常強勁的作用力。

反倒是最近非常盛行的「大豆異黃酮」(Isoflavone)，由於其功能類似女性雌激素，所以又被稱為是植物雌激素。

據說日本人由於從以前開始就經常食用大豆的關係，因此較為長壽、老化速度較慢。雖說如此，不管再怎麼類似女性雌激素，也絕不可能完全一樣，最好不要過度期待以為每天食用豆類製品就能幫助消除斑點、皺紋。

※**早發性停經…** 意指在一般正常的停經時期之前，過早發生停經現象。（具體來說為未滿43歲）

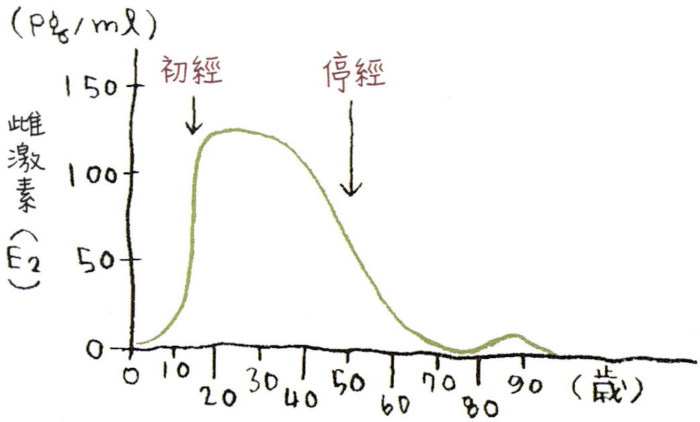

隨著年齡增長，雌激素的分泌量減少

服用荷爾蒙藥物，皮膚就會變好嗎？

「荷爾蒙」由各個器官所分泌生成，通過血液流到目的器官對人體發生作用，即使極微量的荷爾蒙也會對人體的各個活動產生巨大影響。每個人一生所分泌的荷爾蒙量，大約只有二湯匙而已。

荷爾蒙的種類繁多，如：「生長荷爾蒙」★可幫助長高、「胰島素」可控制血糖、「性荷爾蒙」則依男女性別做區分。

荷爾蒙即使非常微量，都具有深遠的影響力，且荷爾蒙的需要量太多、太少都不行，必須在體內接受嚴格控管。然而，如果透過人為的方式如：服用荷爾蒙：等試圖增加分泌量的話，身體會立即產生應變措施，自動減少體內分泌量。正是所謂的反饋機制（feedback system）。由於此反饋機制作用，當我們隨便服用荷爾蒙時，體內會自動減少其分泌量。而且荷爾蒙藥物的副作用非常強，只能作為治療特定疾病使用。若作為治療痘痘、美化肌膚的用途，應特別小心謹慎，避免使用過當。荷爾蒙可說是屬於神的領域，絕非是人類所能支配的事情。

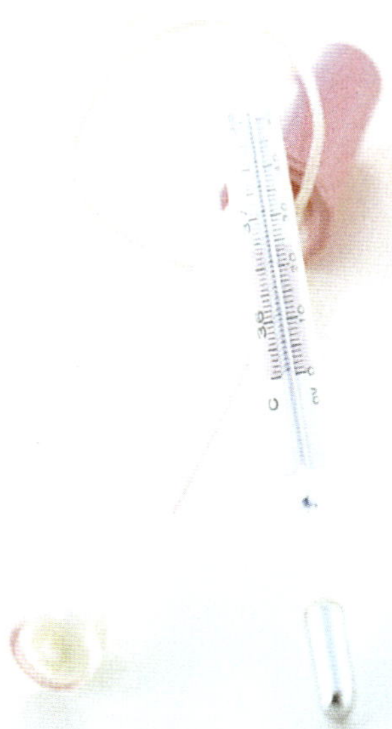

★生長荷爾蒙：
如字面上的意思，是與人類生長息息相關的荷爾蒙。10幾歲時會開始大量分泌，由於細胞分裂活動旺盛，進而促進肌膚新陳代謝、增長身高。但隨著年齡增加生長荷爾蒙的分泌量會趨於減少，到了老年時期幾乎已經不再分泌。因此，成長激素可說是體內老化程度的指標。睡眠期間分泌量較高，俗話說「一眠大一吋」便是這個道理。雖然成長激素分泌量越來越少，但是在體內依舊可以發揮僅存的作用，因此，保持正常規律的睡眠是非常重要的。

第3章 認識基礎保養品

對於每天使用的洗臉產品、化妝水、粉底…等
你有把握真的用對商品了嗎？
了解肌膚構造之後，接下來必須進一步認識保養品。
你是否也曾經有過想要分析成份，卻因為太難看不懂，
到最後就「糊里糊塗」地買下來使用的經驗呢？
或是單純受到廣告、雜誌的吸引，
對於感興趣的東西都想買下來試試看呢？

part three

to know the basic cosmetics

正因為保養品是每天塗抹在自己肌膚上的東西，
所以更應該要謹慎選擇，找到適合自己的商品不是嗎？
然而，在挑選保養品之前，有些事情一定要先了解清楚，
在此我將簡單為各位解說。

有上粉底時必須卸妝

有塗抹粉底上妝的時候，請記得一定要先卸妝再洗臉，也就是所謂的「雙重洗臉清潔」。（如果僅使用粉餅的情況下，則無需卸妝步驟）。最近的化妝產品幾乎都強調防水耐汗的效果，但越是不易脫妝的產品，光靠洗臉根本沒辦法完全洗淨，因此必須使用卸妝產品徹底清潔才行。

化妝品屬於油性污垢，不溶於水。因此，「卸妝產品」中往往添加了界面活性劑，目的為使溶解化妝品的油份能夠與水分好好做結合。一般人對於「界面活性劑」通常抱持著不好的印象，然而它卻是卸除彩妝時所不可或缺的要素。而界面活性劑的使用量及其品質，將足以決定一項卸妝產品的好壞。

卸妝乳對肌膚的刺激性較低

卸妝乳最不傷肌膚

卸妝產品具有各種型態，如：卸妝乳、卸妝凝膠、及卸妝油…等。但不論何種類型，在所有保養品之中最傷害肌膚的絕對是「卸妝產品」。因此更需要細心挑選出適合的商品，盡最大力量保護肌膚。

若要在種類繁多的卸妝產品中，挑選出對肌膚最溫和的類型，應屬：水洗式的乳狀卸妝。

除此之外，乳化型卸妝凝膠（不透明，呈白色狀）也是不錯的選擇。

卸妝油含有過多油脂成份，對肌膚的刺激性較強

除了卸妝乳之外，其他產品為什麼不適用呢？

卸妝油應該是近期最主流的卸妝產品，但它的洗淨力過強，每天使用的話恐怕會傷害肌膚。卸妝油中含有大量油脂，雖與彩妝品的融合性極佳，但這同時也代表著它含有多量的界面活性劑成份，因此才能夠達到強力卸除的作用。缺點是油狀的質地輕柔且流動性高，一不小心很容易過度摩擦肌膚。

同樣的，液狀卸妝品也有這類問題。有很多人會使用卸妝油按摩，希望將毛孔中的髒污帶出，但基本上使用清潔品去做肌膚按摩不但作法錯誤，且毛孔中的髒污並不是從外部摩擦就能夠被清除的。（請參考P210）

至於卸妝凝露一般給人「溫和不刺激肌膚」的印象，最近的人氣指數也相當高，但由於它含有較多水分，不容易溶解彩妝。最後可能只會造成肌膚磨損，卻還是無法清潔乾淨。因此，卸妝凝露較適合給擦淡妝（只上粉餅⋯⋯等），且不做卸妝動作就無法安心的人使用。但如果是塗抹粉底的人就不建議使用。

另外現在還流行一種聲稱「沒時間也能輕鬆卸除彩妝」的擦拭型卸妝棉布，對肌膚的傷害性非常高，每天使用會造成臉部紅腫、容易生成斑點。

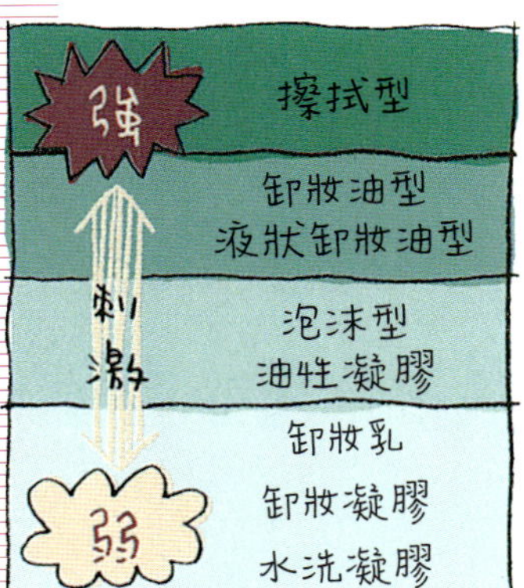

卸妝品的種類
對肌膚的刺激性

泡沫型卸妝甚至只需一個步驟即可輕鬆卸除髒污，但越是簡單的東西，帶給肌膚的負擔可能越大。那是因為泡沫中含有水分，照理說它與彩妝品的相容性並不理想，但為了彌補這項缺失，所以要添入更多的界面活性劑才能補強。

比起「價格」及「方便性」，更加重要的是：「品質」

綜合以上分析，我認為「乳液狀」的卸妝品不但油份、水分的比例都不會過高，且兩者協調性佳，最適合使用。選擇時不妨以濃稠度適中、高品質的卸妝乳為優先考量，絕不能夠因為價格便宜或使用簡單等原因去做選擇！

請大家切記一個重點，只要卸妝品與肌膚之間產生一點點的不適，都會影響到之後的保養程序，即使做再好的保養，若是卸妝不當肌膚也不可能變好。

●界面活性劑

使油性部份在水中分散或溶解之親水基的化學物質。經常被用來製造乳霜、乳液（此時稱之為乳化劑）。在卸妝、洗臉產品中經常搭配此物質，擔任橋樑的作用使油性髒污能被清水洗淨。過度使用界面活性劑會奪去肌膚原有的潤澤度，請特別小心。值得一提的是，肥皂中所含的洗淨成份皆為皂性物質，完全不添加界面活性劑。

●化妝品添加物

若提到何種化妝品添加物會促使肌膚惡化？我想應該有很多人都認為是防腐劑或香料這類成份吧！但只要這些物質不引起肌膚過敏反應的話，事實上也並非壞事。就如同是對雞蛋不會過敏的人，就算吃了雞蛋也無大礙的道理一樣。特別是防腐劑，為保養品的保存方便起見，或多或少都需要用到。（當然能盡量減少使用是最好不過）但是界面活性劑不同於此，只要使用量過多，不論對誰都會產生不好的影響。

從肌膚最強韌的部位開始清潔，過程約1分鐘內完成

依序清洗T字部位↓U字部位↓眼周↓嘴唇四周

請在肌膚尚未潮濕的情況下，充分塗抹卸妝品後清潔肌膚。

首先，從臉部肌膚最強韌的部位，包含額頭在內的T字部位開始清洗。接下來延伸至臉頰的U字部位，最後移向肌膚最脆弱的眼周、嘴唇四周，充分清潔後以溫水洗淨。卸妝品停留在臉部的時間不宜超過1分鐘，由於卸妝品會對肌膚產生極大的負擔，因此必須盡可能的在最短時間內完成。

如眼睛四周等難卸的重點部位彩妝，可局部使用卸妝油輕柔地卸除。取化妝棉沾橄欖卸妝油（一般藥妝店皆有販售），在眼睛、嘴唇上輕敷1分鐘，待滲透溶解彩妝後溫柔地擦拭掉。最後，再使用卸妝乳卸妝一次，徹底清潔全臉。

用溫水洗去臉上髒污時，就算還有一些卸妝品殘留在皮膚上也沒關係，因為在下一步驟的洗臉過程中即可完全洗淨，不必太過擔心。如果只用卸妝品就想達到完全洗淨的效果，最後往往會因過度清潔而傷害肌膚，招致肌膚老化的嚴重事態。就連睫毛膏卸得不完全我認為其實也無妨，嚴格來說，比起彩妝卸不乾淨卻硬是想要用力搓洗的情況，倒不如讓彩妝殘留一點下來，反而還比較不會造成肌膚負擔呢！

為了不摩擦到肌膚，請勿吝嗇使用卸妝品，

記得要充分塗抹才行。水的部份請用溫水，快速地洗淨即可。臉上會出現一些小疙瘩通常都是因為使用過熱的水，且來回不斷沖洗的緣故，反而會使肌膚更加乾燥。那麼，我們暫且先略過討論疙瘩的問題，趕快進入下一個洗臉步驟吧！

如何卸除難卸的重點部位彩妝？

1 在化妝棉上倒入滿滿的橄欖卸妝油，稍待片刻使油份滲透進化妝棉裡。切記卸妝油用量要充足！

2 將化妝棉覆蓋在眼周及嘴唇上方。約停留1分鐘時間。

3 用化妝棉輕輕抹去彩妝，千萬不能使用摩擦的方式！此時，即使尚有一些眼線、口紅的殘留也無妨，直接進入下一個步驟（全臉卸妝後，再洗一次臉）。

卸妝技巧大公開

1 以手心沾取適量卸妝品。分別將它塗抹在額頭到鼻子之間的T字部位上，以指腹輕柔的按摩，使卸妝乳充份與彩妝粒子融合。

2 接著在臉頰四周的U字部位塗抹卸妝品，輕柔的按摩，使卸妝乳充份與彩妝粒子融合。

3 最後在眼周及嘴唇上塗抹卸妝品，輕柔的按摩，使卸妝乳充份與彩妝粒子融合。

4 使用溫水快速地洗淨。下個步驟以洗顏產品再洗一次臉。

固態洗臉產品洗後清爽無負擔

保濕及美白成份會在清洗過程中流失

使用洗臉產品最重要的目的應該在於：徹底清除肌膚裡的油脂污垢。但最近卻經常可看到「洗臉後將潤澤成份鎖在肌膚」、或是以「美白」為主要訴求的洗臉產品。但是，洗臉產品畢竟是需要用水洗掉的東西，就算添加再多保濕、美白的成份，最後終究還是會全部被水洗去。說到底，洗臉產品還是應該以能夠徹底清除髒污為首選。

在眾多洗臉產品中，我認為最棒的就是：簡單樸實的固態洗臉皂。不但能完全洗淨髒污，且不會殘留在肌膚上。平均而言，滋潤型洗臉產品中約含有30％的油份，但洗澡用的肥皂（最古老的一種白色肥皂）中卻僅含約5％的油份而已。覺得洗澡用的肥皂洗淨力過強的人，可以使用一般洗臉皂即可。洗完後不妨可用手指輕輕觸摸肌膚，確認臉上油脂是否全都被洗淨了。

不含其他多餘成份的最適合

除了固態肥皂之外，還有許許多多的洗臉產品可以選擇，但究竟哪些是不恰當的呢？

其實一個洗臉產品的好壞，與它是固狀、液狀、還是其他型態並無直接關係。問題是出在裡面所添加的成份才對，我想應該所有化妝保養品皆是如此！（無關型態，內容成份才是關鍵）。但實際上，單就洗臉產品而言，依照類型的不同似乎多少有影響。

例如：乳狀或液狀的洗臉產品，一般給人溫和不刺激肌膚的印象所以非常熱賣，但相對的它洗淨力會明顯偏弱。

另外，以保濕成份為主要訴求的，通常都添加較多的油脂成份，而油脂會在肌膚上形成一層油質薄膜，因此洗完不會產生緊繃感。但是，油份對肌膚而言並不是一個值得高興的存在呀！（請參考Ｐ68）

我認為正確的作法應該是：洗臉時以徹底清潔為主，而保濕的項目就留到洗完臉後再做才對。

至於洗顏粉的種類眾多，當中也有非常容易起泡的產品，但洗淨力的好壞品質參差不齊，不試用看看的話是無法從外觀上看出來的。

還有一種完全不會起泡的洗臉產品（大部分為凝露狀），它的洗淨力非常弱，是專門為異位性皮膚炎的人所設計的產品，因此一般人還是適合使用一些起泡性較佳的洗臉產品。

所謂清潔肌膚，是指在自己肌膚能力所及的範圍內，盡力做到即可。洗臉產品的選用基準應該是除了「清潔」的作用以外，不需摻雜太多多餘成份。

●弱酸性洗臉產品

肌膚本身為弱酸性。但由於自來水是屬於中性的物質，因此就算你使用弱酸性的洗臉產品，在用水洗淨之後肌膚還是會轉變成中性。其實洗臉產品並非一定要侷限於弱酸性，只要在洗完臉後立刻塗抹弱酸性的化妝水也能達到一樣的功效，無須太過擔心。而最近的化妝水幾乎都已經設計為弱酸性。

養成習慣，白天、夜晚都要確實用洗顏品洗臉

最近好像非常流行「不洗臉」的保養方法，意思是早上只用清水洗臉，晚上就用卸妝品卸妝後，直接擦拭乾淨即可。然而，這些殘留在肌膚上的油份經氧化後，將成為肌膚老化的罪魁禍首。

我認為美肌的基本原則，早晚應該都要使用洗臉皂來潔淨肌膚。洗臉帶走的油份可以再用保養的方式，補充肌膚所需的油份。相較於將老舊的油脂停留在臉上危害肌膚，這樣的作法反而衛生許多。

以充足的泡沫清洗，不摩擦肌膚

以充足綿密的泡沫清洗肌膚

正確的洗臉方式應該怎麼做才好呢？

關鍵在於「泡沫」。我們只需將洗顏品塗抹在肌膚上，髒污就會自動浮出。將洗顏品覆蓋於全臉肌膚，其清潔力會自然地滲入肌膚裡，此時「充足的泡沫」是必要的。泡沫就如同是手指與肌膚之間的緩衝器，不會直接磨擦到肌膚，因此一定要充分起泡後再做清潔。把臉想成是「雞蛋」，力道不能太大才不會打破雞蛋喔！

首先從額頭帶到T字部位，由臉上肌膚較強韌的部位開始清洗，讓泡沫充分滲透入肌膚。

接下來移往雙頰的U字部位，最後到達臉上皮膚最脆弱的眼周及嘴唇四周，同樣都是以綿密的泡沫輕柔地清潔肌膚。以溫水仔細洗淨。清洗時可一面以手指感受肌膚的滑溜度，確認是否還有油脂殘留在臉上。如果感覺T字部位的油脂沒有清洗乾淨的話，可以針對T字部位再洗第二次。

照鏡子看看臉上是否還有泡沫殘留，完成後用毛巾輕輕壓乾水分即可大功告成。

洗臉方法

1 先洗手，再用溫水打溼臉部肌膚。

2 充分使洗臉產品起泡。用手不容易起泡的話，可藉助起泡專用的海綿、或起泡網，就能輕輕鬆鬆製造出許多泡沫。

3 將泡沫覆蓋在額頭至鼻子一帶的T字部位，溶解污垢。

4 接下來同樣以泡沫覆蓋雙頰的U字部位，最後是眼周及嘴唇四周的位置，使髒污徹底被泡沫分散。

5 使用溫水，迅速的洗淨。

6 用毛巾輕輕按壓肌膚，吸乾水份。

化妝水

光是為乾燥肌注入水分，無法抑制乾燥情況

有很多人會認為：「對肌膚而言最重要的是水分，因此化妝水佔有極其重要的地位」，但這是非常錯誤的觀念。因為化妝水並不等於是肌膚的水分。

其實真正幫助我們守住肌膚中水分的最大功臣為：角質細胞間脂質及神經醯胺（請參考P26）。神經醯胺會隨著年齡增長而減少，使得肌膚越來越缺乏水分。因此為了彌補肌膚所需的神經醯胺，應以能夠取代它作用的保濕成份（如：玻尿酸…等）做加強，才是正確的保濕保養方法。

選用含有維他命C誘導體配方的化妝水

實在有太多人都誤以為「肌膚的滋潤」＝「化妝水」，殊不知化妝水的成份中一大半都只是「水」而已。想當然爾，這些「水」中不可能添加太多的保濕成份。

也就是說，在缺乏神經醯胺的肌膚上就算塗抹再多的化妝水也毫無用處，因為隨著時間經過，這些水分將會慢慢被蒸發掉。給予水分的作用僅限於「濕潤」，並不代表保濕。就像頭髮太過毛躁時可稍微用水打溼的道理一樣，但沒一會兒工夫，頭髮又立刻恢復原本的毛躁粗糙感。

另外，好像有很多人都有這種習慣，認為「化妝水可以用便宜貨就好，這樣一來用很多也不會心疼」，總之就是不停的補充化妝水。

然而非常遺憾的，這種作法根本毫無意義。再加上如果一直重複用化妝棉拍打化妝水的話，反而會造成肌膚傷害。（請參考P64）

再者，當肌膚極度乾燥時，有人可能會覺得「這種時候的保養不宜太過複雜，所以只塗化妝水就好」，很抱歉，這也是錯誤的！只擦化妝水的話容易使肌膚更加乾燥，形成一種惡性循環。想要將保養簡單化，那就只塗抹精華液或是乳液吧！（請參考P100）。

真正的保濕應該是充分給予肌膚具有維持含水量作用的「保濕成份」，提高肌膚的保水度。而精華液及乳液中，含有大量的保濕成份。請記得一個原則，想要保持肌膚滋潤度，真正需要的是含有保濕成份的精華液或乳液。

※**水溶性美肌成份…** 其中最具代表性的就是：氨基酸（天然保濕因子）、玻尿酸、膠原蛋白、維他命B3（菸鹼酸）、各種抗氧化物質（黃岑素、茄紅素萃取、葡萄子萃取）。其中玻尿酸及膠原蛋白常被用來添加在化妝水中，但含量極少。主要是因為一旦添加濃度過高會產生黏度，因此濃度較高的產品通常是做成精華液販售。

維他命C誘導體配方的效果顯著

那麼到底，化妝水是為了什麼而存在的呢？雖然化妝水保濕的效果不彰，但它能使我們暫時產生肌膚水水嫩嫩的心理作用，也帶來了好心情。不然其實以肌膚保養的觀點來看，化妝水倒不如說是不擦反而更好呢！

但是，最近市面上推出了一種含有維他命C誘導體成份的化妝水。由於維他命C誘導體並不適合添加在乳液中，而它在水中的穩定性卻非常好，因此添加在化妝水中可說是再恰當不過了。在化妝水中維他命C誘導體就能好好地發揮它的作用，也才具有塗抹的意義。

選擇化妝水的唯一要件就是維他命C誘導體（或是其餘水溶性美肌成份※皆可），其他太複雜的成份就不需要了，越簡單越好。

不使用化妝棉，用手直接塗抹

用自己的雙手，給予肌膚最大的呵護

塗抹化妝水時，你是用自己的雙手去抹呢？還是使用化妝棉去抹呢？

其實化妝棉上的纖維很容易刺激到肌膚，製造出極為微小的傷口，不論使用品質再好的化妝棉都一樣。一旦傷害到角質層會造成肌膚潤澤成份漸漸流失，使外在的刺激大舉入侵進到肌膚裡面。最後，肌膚變得乾燥不堪，加速老化。

因此在日常保養的程序中，根本不需要使用到化妝棉。化妝水也好、精華液、乳液也好，用雙手去塗抹就已足夠。而類似：用手塗抹化妝水的話會造成膚色不均、或保養品的營養會被手吸收光…這種說法完全是無稽之談。如果說用手沾取化妝水會使養分在塗抹之前就被手吸收掉的話，那麼意思是將手浸到水裡面的話，難道水分都會被手掌吸乾嗎？我們能夠直接用雙手接水使用，化妝水當然也沒問題。

不僅是化妝水，精華液、乳液、乳霜都是先用雙手沾取後，以手掌、或指腹位置按壓塗抹即可（請參考P69）。有人會在臉上胡亂拍打一通以期達到緊緻的效果，但不當的拍打反而會刺激到肌膚，造成肌膚紅腫、或斑點產生。想要促進血液循環，最好的方式應該是：穴道按壓（請參考P149）。

hora
fraîcheur
mine E
mixtes
dermatologique

包含保濕、美白、抗老化等配方

所謂精華液，是為了什麼樣的目的而存在的呢？

通常精華液呈透明、或半透明的濃稠液狀，其中含有豐富的保濕、美白等有效成份。很多都是小小一瓶，但要價卻相當驚人。

而最近市面上更是推出了許多不同類型的精華液，有偏向乳液型態的、還有類似化妝水型態水質的精華液，價格也是參差不齊。由於精華液並沒有一個明確的定義及條件，因此各家廠商都打著「精華液」的名號，各自推出五花八門的商品。

依照目的，選擇不同的成份配方

那麼，在挑選精華液時有哪些注意事項呢？

首先，確認添加的成份。有單純保濕（請參考Ｐ84）、美白（請參考Ｐ147）、或是抗老化（請參考Ｐ110）…等不同作用的成份，但由於冠上「精華液」這個名詞，不禁讓人開始期待它的美容效果，因此事先確認它的有效成份為何是非常重要的。

清爽的黏液狀，溫和不刺激肌膚

其次，確認使用後的感覺。一般而言，流動性不佳、或過於黏膩的精華液會含有較多刺激性的成份。因為其中添加了一項名為增黏劑的物質，是一種用來增加黏度的高分子合成物，含量過高的話很容易引發各種肌膚問題。因此，選擇質地較為清爽的黏液狀精華液會比較適合。

全臉均勻塗抹

精華液一般都具有高效保濕作用，此外可能還添加一些美白、抗老化…等不同的功效，但唯一的目的都是保護肌膚、防止肌膚老化，因此不能只塗抹在臉上某一部位，應全臉均勻地塗抹才行。

塗抹方式與化妝水一樣，用指腹輕柔地按壓，使精華液滲透到肌膚裡層（請參考P69）。

若要同時塗抹兩種以上不同作用的精華液，如：保濕型及美白型精華液的話，應該要先塗抹保濕產品才對。先塗質地較稀的水狀精華液，再疊上油質較高的精華液。但是，請將油質偏高的避開T字部位，只塗抹於U字部位即可。

而精華液的作用甚至可以將隔離乳取而代之。化妝專用的隔離乳為了發揮使粉底著妝、妝容更為服貼、修飾膚色的效果，通常裡面都含有許多添加物，而這些添加物往往會造成肌膚多餘的負擔。

我們原本常以為粉底是造成肌膚問題的元兇，但某些時候，真正原因是出在「隔離產品」身上也說不定。

假如肌膚的油水間取得良好的平衡，那就根本不需要使用到隔離乳，只要塗抹添加保濕成份的精華液打底即可。如果單擦精華液肌膚會太乾的話，不妨可再薄薄地塗上一層具有保濕效果的乳液或乳霜吧！

另外，最近市面上經常看到名為「保濕液」的產品，其實就是一般通稱的「保濕型精華液」吧。

含有豐富保濕成份的新型乳液

添加分子釘保濕成份，質地近似精華液的乳液

「化妝水與乳液」宛如是「洗髮精與潤絲精」的關係，以前人們都習慣將它們以套裝組合一起做銷售。「補充水分後，再以一層油脂鎖住水分」是極為經典的保養方式，在過去曾經非常盛行。

為何說是「經典」呢？那是因為現在科學越來越發達，人們已經開始明白，肌膚中的水分事實上並非是油脂所包覆後留在肌膚裡，而是水分與分子釘…等保濕成份結合後，才能維持其保水度。因此，最近精華液已經慢慢取代乳液的地位，也許在不久的將來，乳液會正式走入下個階段，成為一種復古商品也說不定呢。

但是，也有些人是乳液的忠實擁護者，可能因為已經用習慣、或喜歡它的觸感，一下子很難改掉。對於這些人，我想推薦他們使用：添加分子釘保濕成份的乳液。

最近市面上推出了一種質地介於精華液與乳液中間，含有豐富保濕成份的乳液。比「油脂防護」更進一步的新型乳液，才具有使用的價值。

30歲前，請挑選低油份的清爽型乳液

使用乳液時需特別注意：請勿給予肌膚過多

的油份。尤其在30歲以前肌膚皮脂的分泌量相當充裕，實在不需要額外補充過多的油脂，選用油脂成份較少的乳液即可。另外，塗抹時請盡量避開T字部位。

塗抹乳液時，方法大致與塗抹化妝水相同，以指腹輕柔地均勻塗抹，使肌膚吸收。

●礦物油

經常被用於乳液及乳霜中，自石油中提煉而成（精製過程中去除不純物質）。礦物油具有保濕肌膚的作用，經常作為化妝品原料使用。其他如：皮膚科藥物的凡士林也是由礦物油製成。以前技術資源不足時，可能會有純度較低、品質不佳的礦物油流出市面，但現在科技非常發達，都是使用純度極高的精製油所製成，也不必擔心會有油臭味，請安心使用。「礦物油有害肌膚」的說法相當以偏概全，主要是因為日本在戰前時，有許多劣等品質的礦物油流出市面的結果，導致許多人到現在還保有這樣的刻板印象。

化妝水、精華液、乳液的塗抹方式

用手心沾取適量，先均勻地塗抹於全臉，之後再以中指及無名指充分按壓，使養分滲透入肌膚裡。按壓方向從臉部的內側向外側、由下往上移動，只有鼻子部位是由上往下的方向。而眼周及臉部輪廓的位置則以手指輕輕點壓即可。

乳霜

乳霜的油份較高，只需集中塗抹於眼睛、嘴唇四周

與其挑選質地稀的乳霜，濃稠型更加合適

乳霜，可說是為了補充油脂而存在的東西。

30歲以前，縱使肌膚中的含水量越來越低，但油脂並不會因此減少。所以，比起補充油脂，乾燥肌更需要費心於如何保持肌膚中的含水度（請參考P82）。其中，含有高保濕成份的精華液當然為第一首選。

但不分年齡，眼周、及嘴唇四周的皮脂腺一直都很少，因此這些部位特別乾燥的人，不妨再加強塗抹乳霜以補充適當的油脂成份。

最近的乳霜也有做成類似凝露型的清爽質地（觸感），但是這麼一來就與精華液無太大差別，實在不需如此大費周章再多加一道乳霜的步驟。既然要使用乳霜，當然就要選擇質地濃稠柔滑的，能夠如實展現它特有功效的乳霜。

只重點塗抹於眼周及嘴唇四周

洗完臉，全臉均勻地塗抹完化妝水及精華液後，以無名指取適量乳霜，輕輕點壓於眼周及嘴唇四周位置使肌膚吸收。請勿塗抹到別的部位，避免增加不必要的油份，且特別小心不要摩擦到肌膚。

CLARINS
Multi-Active Jour
Multi-Active Day Cream

使用粉體狀的粉底，溫和不刺激肌膚

喜歡遮瑕力較強的人，可使用膏狀粉底

很多人因為考量到「肌膚乾燥的問題」，而選擇使用粉底液，但結果卻反而造成肌膚問題更加嚴重。

所謂的粉底液，其實就是在乳液中增加顏料（色粉）分散後染色所製成的東西。由於它非常容易形成分離現象，因此必須使用乳化劑（亦即界面活性劑）乳化，增加其穩定性。而此乳化劑，正是刺激肌膚的主要原因。

另外，由於它是液狀的，所以其中一定含有水分，想當然爾「防腐劑」也是不可或缺的物質。即便是粉底凝露、還有一種最近新推出不久的粉底凝膠也是一樣。

另一方面，如果是使用粉餅的話，當然就沒有添加乳化劑的問題，且由於不含水分，也就幾乎不需要用到防腐劑。水質的東西容易腐壞，這個道理套在化妝品或食品上都是相通的。

總而言之，粉體狀的粉底添加物較少（請參考Ｐ54），對肌膚較為溫和；然而粉底液一般給人「適合乾燥肌或敏感肌的人使用」的刻板印象，倒不如說是恰如其反。

值得一提的是，還有一種膏狀的粉底。它與粉餅相同都是裝在粉盒裡、或是製成條裝。兩者皆是在顏料中添加少許油脂，經過特殊的製作方式製成硬度適中的產品。由於製作過程中

不含水分，也就幾乎不需要乳化劑及防腐劑。比起粉底液，較不易帶給肌膚刺激性，且比粉餅的滋潤度要高，推薦給喜歡遮瑕力強的人使用。但是，它的油脂成份較多，容易長痘痘的人要特別小心。

多水、少油的保濕打底

「不管怎樣，只要使用粉餅就是很容易浮粉、脫妝」。但其實大部分的情況下，都可以藉由妝前保濕保養來預防改善。

首先，在洗完臉、化妝水之後，厚厚塗上一層含有分子釘…等保濕成份的精華液，具有取代隔離乳的作用。

但如果是特別容易浮粉的人，不妨在精華液後再疊上一層薄薄的添加保濕配方的乳液或保濕乳霜。在此狀態下靜待約10分鐘時間，使本身的皮脂與之相融合，徹底吸收後再塗上粉餅。

剛開始臉可能會出現粉屑，但約莫1小時肌膚出油後，妝容就會變得非常服貼。

因此，在上粉底時最好先預想幾個小時後的肌膚情況上妝，會比較恰當。

以早上來說，保養完畢、化好妝後隨著時間經過，肌膚中的水分會慢慢被蒸發掉，但油份卻是伴隨著皮脂分泌越來越多。因此，早晨化妝前的肌膚保養，應該多補充水分（保濕成份）、減少油份，這樣一來隨著時間經過，妝容會變得越來越漂亮。

除此之外，蜜粉（loose powder）比起粉餅更加不容易浮粉脫妝，妝效也毫不遜色，也可以嘗試使用蜜粉上妝，對肌膚相當溫和。

吉木醫師的小建議

基礎保養＆化妝

每種膚質的人皆適用，肌膚所需的「基礎保養＆化妝」步驟。做好基本打底工夫，再配合每個人各自的肌膚特性，增加或減少某些產品即可。

保養程序

1 卸妝

有上妝時請一定要卸妝。建議使用乳液型卸妝產品。

2 洗臉

卸妝後一定要再洗一次臉。沒有上妝或是只上蜜粉（loose powder）的時候則只做洗臉步驟即可。早晨保養也是由洗臉開始，建議使用清爽型的洗臉皂。

化妝程序

1 防曬乳

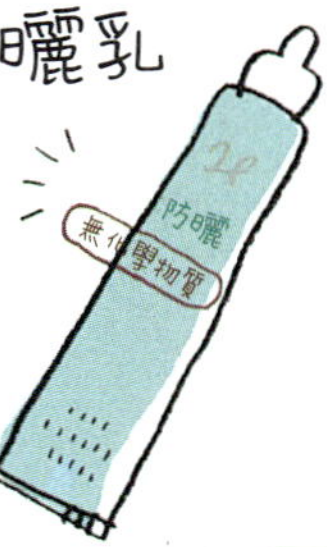

外出時，請務必做好最基本的防曬工作。使用SPF20無化學物質添加的防曬乳，以頰骨位置為中心加強塗抹。

2 粉餅

塗抹粉餅或蜜粉。重點彩妝的部份，請盡量避免使用會帶給肌膚極大負擔的眼線液及口紅，其餘均可自由做增減。

3 化妝水

取添加有維他命C誘導體成份的化妝水，均勻塗抹於全臉。

4 精華液

取添加有分子釘保濕成份的精華液，均勻塗抹於全臉。肌膚不太乾燥的人，亦可使用添加玻尿酸成份的精華液。另外，在眼周及嘴唇四周等容易乾燥的部位，可重點塗抹乳霜加強保濕。

第4章 解除肌膚問題的秘訣

乾燥、斑點、皺紋、面皰………
女性擁有數也數不清的肌膚煩惱。
只要聽到哪些營養補充品、保養品對改善肌膚效果有多好時
大家就會立刻一窩蜂的爭相購買，
但是真正使用之後，卻好像沒有多大幫助，
肌膚問題也都還原封不動，這又是為什麼呢？
首先，如果沒有徹底理解

part four

troubles of skin

引發肌膚問題的原因及構造，
就無法得知正確的改善方法。
乾燥膚質的人要塗抹乳霜、
有斑點問題的人要多吃維他命C…等
我們必須先丟棄這類過於單純直接的想法。
新一代的美肌法則已經誕生
「只要好好遵守，就能躍身成為美肌一族！」
從今天起開始實行吧！

乾燥・粗糙

肌膚乾燥缺水、脫皮產生粉屑、肌膚角質肥厚

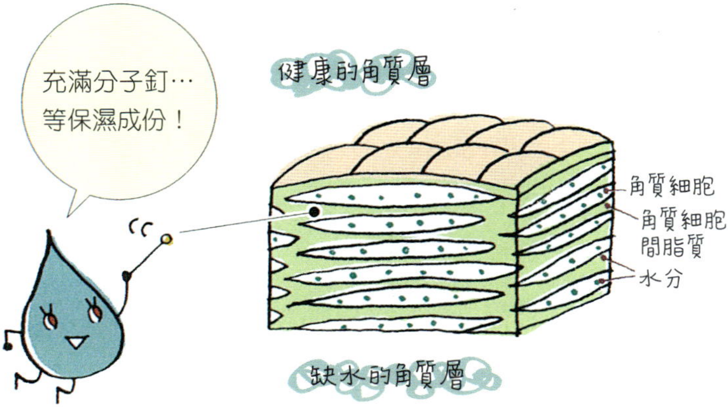

形成乾燥肌的原因是什麼呢？

潤澤結構

多虧了「保濕成份」，當空氣中溼度降低時肌膚也不會乾燥

何謂乾燥肌呢？我想恐怕沒有幾個人，能夠明確地描述出它的定義吧！

健康肌膚的角質層中約含有30％的水分，一旦數值低於30％以下，便形成所謂的「乾燥肌」。當空氣乾燥，且溼度降至30％以下時，會導致肌膚角質層中的水分容易蒸發。值得慶幸的是，人類的肌膚構造中原本就具備「保濕成份」，只要它能夠確實發揮維持肌膚中水分的作用，那麼即便溼度降為0％，肌膚水分也完全不會被蒸發。然而，一旦保濕成份的製造量不足時，皮膚很快就會乾燥缺水。

「神經醯胺（分子釘；Ceramide）」為保濕成份中最重要的成員，屬於一種角質細胞間脂質。所謂的角質細胞間脂質，意指填充於角質細胞間，並參與細胞接合作用，負責緊緊扣住每一個角質細胞的一種脂質成份。雖然皮膚的角質層是由許多各式各樣的脂質所組成，但神經醯胺的總含量約占細胞間脂質的40％，剩下的則為一些游離脂肪酸…等物質。這些角質細胞間

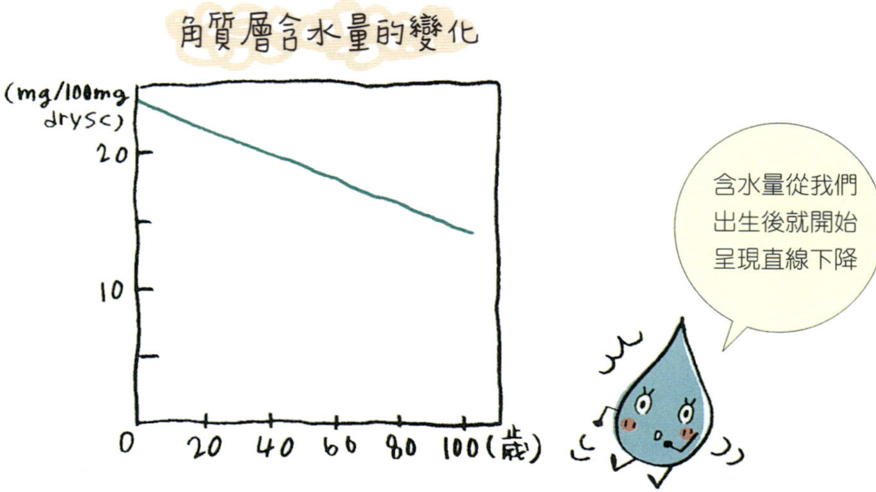

脂質能有效鎖住肌膚中的水分，並形成一個屏障抵抗外在環境的刺激。

乾燥結構

保濕成份無法正常運作，水分不斷流失的結果，終究演變成乾燥肌

簡單而言，形成乾燥肌的主因為：保濕成份無法正常運作，使水分異常下降所導致。隨著年紀增長，保濕成份的生產力呈現逐年下降的趨勢，間接影響到角質層的含水量越來越低。因此我們常可發現一個現象，年紀越大時肌膚更容易乾燥。

我想一定有不少人會把「油份少」與「乾燥肌」劃上等號吧！但其實這是非常錯誤的觀念。乾燥肌的形成取決於「水分的多寡」，與「油脂多或少」一點關係也沒有。而乾燥肌的相反詞也絕非油性肌，請不要誤解了。

柔滑結構

當水分不足時，角質不斷堆積增厚 肌膚因此失去潤澤、變得乾巴巴

一旦形成乾燥現象，肌膚會變得粗硬、緊繃，像是沙漠般荒渴。冬天一到，腳底的皮膚經常變得又硬又乾，同樣的道理，當臉部肌膚缺水時也會變得粗硬、甚至出現乾燥細紋。肌膚過於乾燥緊繃的情況下會使得保養品不易滲透，因此常可聽到有人抱怨：「肌膚太乾了，連化妝水都無法吸收進去」，正是如此。

而造成肌膚乾硬的罪魁禍首其實就是：不斷累積增厚的角質層。角質層的存在主要是為了保護肌膚不受外在刺激，因此當肌膚水分流失、角質層障壁功能（請參考Ｐ24）受損時，角質層反而會越堆越厚，以加強保護皮膚。

此時，為了在最短時間內製造出堅固的角質層以保護肌膚，急急忙忙趕工製造的結果，造成這些推擠向上的細胞有些甚至尚處於未成熟的階段。

一般我們將表皮細胞轉換成角質細胞的過程，通稱為「角化」。角化的時間前後共需花費約28天（隨著肌膚更新週期，進行角化），過程中同時會製造出天然保濕因子（NMF）及分子釘（ceramide），因此角化作用對肌膚而言非常重要。

然而，如果是肌膚乾燥引起的異常角化現象，只會促進未成熟的細胞不斷增生※，導致角質層不健全，很容易再度引起肌膚乾燥……，陷入無止盡的惡性循環中。皮膚變得又粗又硬，外觀看起來就如同是某些慢性皮膚病、搔癢溼疹…等狀態。

當演變至此，首先最重要的就是做好保濕工作，並且為了防止角化的惡性循環再度發生，以果酸適度去除老廢角質，可幫助解決角質層過厚的問題。

※不正常的角化現象一般統稱為：「不健全角化」或「異常角化」。

為乾燥肌膚注入「保濕成份」

所謂保濕，並非補充水分 而是賦予足夠的保濕成份

大家對於「保濕」這個詞雖不陌生，但卻可能都不明白它真正的涵義為何，帶著一知半解的心態做肌膚保養。這樣將錯就錯的結果只會使肌膚永遠擺脫不了乾燥的命運。若想要追求水嫩滋潤的肌膚，首先必須要徹底地了解「保濕」。

所謂「保濕」，如字面上的意思，即為「保持溼氣」。保持肌膚水分的保養，稱之為保濕。其最大關鍵在於：並非「給予」水分，而是「守護」、「維持」水分。

若將肌膚比喻為土壤，則土壤改良便形同於保濕工作，施予土壤水分並不等於保濕。在保水力不良的土壤上，就算注入再多的水，它終究會從土壤的下方流失。唯有將它變成保水力佳的土壤，才是解決問題的根本。肌膚保養也是一樣，光是給予水分並不代表保濕。給予肌膚具有保水力的物質，也就是神經醯胺(Ceramide)等保濕成份，從根本改變膚質才能算是真正的保濕。確實做好保濕工作，將肌膚變成富含保水力的膚質，這麼一來即使空氣再乾燥，肌膚也不會因此變得乾荒粗糙※。保濕成份的種類繁多，如：神經醯胺、玻尿酸…皆是，而精華液或乳霜中的含量遠比化妝水中還多，請仔細研究各個保濕成份的特性後，再分別對症下藥使用。

※ **空氣乾燥與肌膚**

溼度降至30％以下時，肌膚中的水分很容易蒸發散失（請參考P79）。近年來由於地球暖化、森林銳減…等因素，整個空氣環境更顯乾燥。市中心尤其嚴重，平均溼度逐年減低，甚至在11月時就已經出現室內溼度低於30％的情形。現在乾燥肌的人不斷增加，應該也是受到這種大環境的影響所導致。

保濕成份類型

保養品中所添加的保濕成份大致可分為下列幾個項目。從保濕力最高的成份開始介紹，依序排列下去。

① 像夾心三明治一樣，緊緊鎖住水分（製造出板層狀(lamella)構造的成份）

其中最具代表性的成份即為神經醯胺。除此之外另有一種與水分結合後會製成板層結構（請參考P86），俗稱「類神經醯胺物質」，作為神經醯胺的替代品使用。

●**神經醯胺**…約占角質細胞間脂質的四成比例。即使溼度降低，依然能夠持續發揮強而有力的保水效果。

●**除了神經醯胺以外的神經鞘脂質（sphingolipid）**…神經醯胺除外的角質細胞間脂質。

●**卵磷脂**…自大豆中提煉萃取，正式名稱為：氫化大豆卵磷脂。

●**膽固醇硬脂酸酯**…脂質的一種。

② 具備保水力

原本就存在於肌膚的真皮層中，最適合廣泛運用。當溼度減低時也能充分發揮威力。與①成份相比，其價格較為低廉，因此也可以添加進身體保養、或護手霜等產品中使用。

●**玻尿酸**…位於真皮層中的膠狀物質。具有200～600倍的強大儲水力。

●**膠原蛋白**…原本在真皮層中的主要功用為保持肌膚彈性，但製成保養品塗抹於肌膚表面時，則形成絕佳的保濕成份。缺點是塗抹的膠原蛋白無法被真皮層吸收。

●**彈力蛋白…**真皮層中的纖維成份，具有良好保濕力，因此經常作為保養品的添加物使用。

●**類肝素物質…**經證實血液中的肝素（heparin）成份具有保水效果，基於此原理所研發出的類似保濕成份。亦可作為醫藥品使用。

③ 具備吸濕性

當空氣中的溼度下降時，保濕力也不受影響。

●**天然保濕因子（NMF）…**主要成份有氨基酸、尿素、PCA（Pyrolidone carboxyl acid）等。保濕力並不特別強，但使用起來清爽無負擔，經常添加在化妝水中。

●**PG（丙二醇）、甘油、1.3BG（丁二醇）…**酒精的一種，具有極佳吸濕性，廣泛運用於化妝保養品中。

④ 油脂

「利用油脂形成薄膜」，油脂是一種較傳統的保濕成份。為油類或乳霜…等油份較多的保養品中的基底成份。

●**礦物油（Mineral Oil）…**自石油中蒸餾提煉而成的油。就連添加在軟膏中的凡士林，也是以礦物油製成。

●**植物油…**如：酪梨油、橄欖油、荷荷芭油、米糠油…等。

●**動物油…**如：貂油、鮫鯊烯油…等。

●**石蠟油（白色礦物油）…**從石油中精製而成的一種高純度碳氫化合物。擁有蠟的質感。

極度乾燥時，立即改用含有分子釘成份的精華液

富含分子釘的肌膚不會乾荒缺水

「明明使用了添加保濕成份的精華液，可是肌膚還是很乾…」，這樣的話我建議不妨將原來的保養品，更換成含有分子釘※配方的精華液試試看。

「分子釘」是一種角質細胞間脂質。肌膚一旦缺乏分子釘，含水率會大幅降低80%的程度。為維持肌膚水分，分子釘佔有舉足輕重的地位，功不可沒。

分子釘不溶於水，它會與水結合後形成一種類似三明治般的板層構造※※(lamella)。而包含在此板層構造內的水分，即時在溼度0%的惡劣環境中，水分也不會蒸發散失。換言之，只要肌膚中保有充足的分子釘物質，即使在嚴冬中，肌膚也不會產生乾燥。

以精華液保養，補充分子釘

基本上分子釘是伴隨著肌膚更新週期所生成的，因此一旦更新週期的速度變慢時，分子釘也會跟著減少。睡眠不足…等都是影響肌膚更新週期遲緩的主要因素，間接造成分子釘不足。再者，當肌膚代謝的功能衰退時（隨著年紀增長），分子釘的分泌量也會趨於下降。分子釘是由一種類似膽固醇的物質所製

※分子釘（Ceramide：神經醯胺）請參考P26

※※**板層構造(lamella)**
角質細胞間脂質會自動形成一個如同三明治般，將水分夾在中間的結構，我們將此結構稱之為板層構造。如此一來，就能將水分緊緊鎖在角質層中，防止水分流失。

成，但若想從飲食中攝取膽固醇藉以增生分子釘※※※的話，是完全行不通的！就算吃下分子釘，也絕對無法促使肌膚增生分子釘。想要促進分子釘的製造量，唯一的辦法就是提高更新週期的速度。

另外，有一個能夠迅速補充分子釘最簡單的方法，那就是塗抹含有分子釘成份的相關保養品。只要一個動作，就可以立即增加肌膚中的水分。

如果「已經塗抹了分子釘精華液，可肌膚還是會乾燥」的話，極有可能是由於該精華液的分子釘含有量過少、或是缺乏油脂…等因素所致。特別是40歲以後，肌膚中的水分也好、就連油份也大為減少，因此最好在塗完分子釘精華液後，再疊上一層乳霜。

除此之外，諸如：果酸換膚※※※※、或酵素洗臉法※※※※※…等角質護理保養，皆能有效的提高肌膚更新週期速度，只要持續保養，或多或少都可幫助分子釘的增生作用。

但是，如果肌膚乾荒粗糙且伴隨著搔癢紅腫的症狀時，就不只是單純的乾燥，也有可能是異位性皮膚炎所引起的，請及早就醫治療。

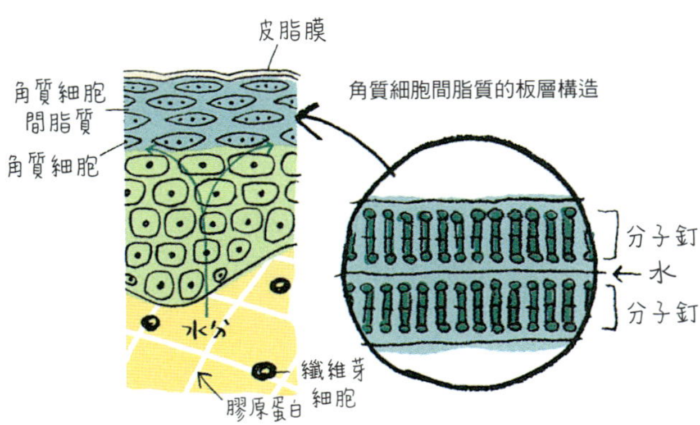

※※※ **食物中的分子釘**
一般市面上販售的分子釘營養補充品，大部分是由小麥、大豆、米、蒟蒻…等食物中取得。最近甚至有學者正在實驗，在魚類身上一些無法食用的部位，提煉出分子釘物質。其實分子釘的來源，一直存在於我們垂手可得的食物中。不需刻意的去吃營養補助品，只要維持正常的飲食習慣，基本上就不會有不足的情況產生。

※※※※ 果酸換膚（請參考P150）

※※※※※ 酵素洗臉法（請參考P210）

如何選擇神經醯胺成份的保養品呢？

市面上神經醯胺成份的保養品琳瑯滿目，選擇時有幾個必須特別注意的事項。

即使商品上標示出「神經醯胺○○」等字樣，也不一定是真正的神經醯胺成份，極有可能只是一些作用類似的物質罷了。此外，如：「神經醯胺1型（Ceramide Ⅰ）」、「神經醯胺2型（Ceramide Ⅱ）」，在神經醯胺後面加上一個數字的，基本上皆屬於真正的神經醯胺，只是添加比的濃度相當低，以致效果不佳。

為什麼市場上要一直推出這麼多類似的產品呢？最大的原因莫過於神經醯胺的價格實在太過昂貴。神經醯胺屬於化妝品原料中單價偏高的物質，因此才會有如此眾多與真品相似的產品不斷推陳出新，即使是專櫃保養品也是一樣。

購買時如有不明白的地方，不妨可以直接詢問原廠，該商品是否確實有添加神經醯胺的成份。但如果是關於添加比方面的問題，我想原廠大概不會告知，剩下的只有親自去試用看看才會知道。

如果是使用正牌的神經醯胺，且濃度維持在某種程度之間（約1%～2%為適量），照理說應該只要塗抹上去，肌膚的乾燥情況就會立即解除。

值得一提的是，神經醯胺不溶於水，因此無法製成化妝水之類的商品，大部分都是添加在精華液或乳霜中，價格大多不便宜（原物料價格昂貴的緣故）。

●天然保濕因子

基本上，神經醯胺會守住角質層中80%的水分。而剩餘的20%之中天然保濕因子占絕大部分，比例約為17～18%；皮脂只佔其中2～3%極為少量的比例。換言之，天然保濕因子的地位是僅次於神經醯胺，對保持肌膚水分的貢獻良多。天然保濕因子的英文名稱為：Nature Moisuturizing Factor，簡稱NMF。在肌膚更新的過程中，肌膚細胞會製造出神經醯胺，同時也會製造出NMF。諸如：氨基酸、尿素、PCA（Pyrolidone carboxyl acid）等水溶性物質中皆含有大量NMF，在角質細胞中扮演維持肌膚水分的重要角色。然而，它的保濕力很容易隨著溼度下降而減弱，也就是說，在冬天的乾燥空氣中，它的作用幾乎很難發揮。NMF最大的優點在於它與肌膚的相容性極佳，且為水溶性，因此經常被用來添加在化妝水中使用。此外價格也相當便宜，適合肌膚乾燥情況不嚴重的人使用。但如果是乾燥肌的人最好還是使用神經醯胺、或玻尿酸…等產品比較適合。

玻尿酸的優缺點

最早的時候，玻尿酸原本是從公雞的雞冠中提煉取出，價格十分昂貴。然而拜生物科技進步之賜，現在我們已經能夠以最大眾化的價位使用玻尿酸產品，甚至在護手霜、護髮品中都可以看到它的蹤跡。（無論是天然或是人工合成，玻尿酸本身的效能都不會改變）。

玻尿酸運用在皮膚美容的領域時，對於肌膚表面的保濕效果相當卓越，使我們即使處於乾燥的空氣中，肌膚水分也不會流失。與神經醯胺相較之下可說是非常物美價廉，且敏感膚質的人也可以安心使用，適合作為日常生活的保濕保養。

尤其是30歲以下的人，比起油份更需要的是增加肌膚保水度，因此幾乎不需要使用到乳液或精華液，使用含有玻尿酸成份的無油精華液（或是少油配方）會是不錯的選擇。

但是玻尿酸有一個缺點，塗抹太多時肌膚很容易產生「黏膩」的觸感。由於玻尿酸含有大量的水分，如果在夏天溼氣較重的季節時塗抹，會使肌膚潮濕感加重，與其說是滋潤柔滑感，倒不如說是黏膩悶濕還更貼切呢！有時還會造成脫妝的情況。

其實最大的原因可歸咎於「玻尿酸原本就不屬於角質內的物質」。玻尿酸主要是存在於真皮層中，並不是在表面角質層，因此與角質層的相容性不佳。

反觀神經醯胺或天然保濕因子，由於原本就存在於角質層中，毋庸置疑的，相容性確實比起其他都要好。

若撇除這些問題點來看，玻尿酸確實擁有卓越水分維持能力，絕對是保濕成份中不可或缺的一員。

總而言之，不論是何種保濕成份都一定各自擁有其優缺點，唯有將各種保濕成份互相截長補短，巧妙地搭配製成商品，才能算是優秀的保濕聖品。

再者，保養品中所含的玻尿酸無法滲透到真皮層，且雖然隨著年齡增長玻尿酸會持續減少，但透過保養品也不具有增生玻尿酸的作用。

不易上妝時，使用凝固型保濕面膜急救

緊緊密封住肌膚，水分會源源不絕的被送達底層

肌膚過於乾燥導致很難上妝，正當一臉愁雲慘霧之時……我建議大家不妨使用保濕面膜做急救。乾燥肌膚易使老舊角質堆積增厚，此時即使塗抹精華液也不容易滲透到肌膚裡。此時，唯有保濕面膜才能深入角質層，給予充分的滋潤呵護。

雖然最近比較流行片狀面膜，但反而是傳統的水洗式固化面膜，較能有效地發揮面膜的原有作用。這是由於面膜能夠完整的包覆住整張臉，協助將滋潤養分送達肌膚底層，同時可防止水分從表面流失。而片狀面膜很難做到滴水不漏，水分很容易從面膜表面蒸發散失。況且，片狀面膜上的水分雖然會讓肌膚暫時產生溼潤的效果，但真要將水分送到肌膚裡的話，往往是心有餘而力不足呀。

「塗抹稍厚的一層於臉部肌膚，停留一段時間，待面膜乾了之後再用水沖洗乾淨」這種類型的面膜，保濕效果可稱得上是最好。冬天時可一週敷兩次，加強修護。

肌膚容易乾燥的人更應該使用粉餅

液狀或霜狀的粉底容易刺激肌膚

有人說：「用了粉餅之後很容易讓肌膚變得更加乾燥，因此改以粉底液上妝。」

的確，粉餅的粉質具有吸水的特性。但是只要在上妝前確實以精華液或乳霜做好保濕工作的話，立即可解決問題。比起這個我更在意的問題是，液狀及霜狀粉底會帶給肌膚多大的刺激性？

液狀及霜狀的粉底，是將粉放入液體中做分散，因此必須添加界面活性劑輔助，且由於製作過程中含有水分，當然防腐劑也是不可或缺的成份。然而這些物質，皆會嚴重的刺激到肌膚，長期使用下來，對肌膚的傷害很大。

粉餅為固型物，基本上不會滲透到肌膚裡層，罕有引起肌膚過敏的情況產生。因此，正當肌膚處於乾燥敏感時，使用粉餅會比較安心。尤其適合肌膚脆弱的人使用。

我聽說還有人是因為「肌膚太乾燥了，索性就不擦任何粉底」。但是，為了防止紫外線的侵襲，尤其是出大太陽的時候最好不要素顏出門，至少要塗抹一些粉底會比較好。

蜂蜜＋凡士林製成的面膜，有效對抗乾燥嘴唇

嘴唇乾裂時，請避免使用持久型的口紅或唇蜜

在乾燥的雙唇上塗抹口紅，實在很難塗得均勻漂亮，反而還會弄巧成拙。嘴唇的皮脂腺原本就很少，加上角質層極薄，難以保留水分，因此容易引發乾裂脫皮。嘴唇的乾燥與肌膚乾燥的情況相似，同樣是與我們的身體狀況及飲食習慣之間有密切關聯。除此之外，強調不易脫落的長效型口紅或唇蜜刺激性非常強，請斟酌使用。當嘴唇正處於乾裂時，如果試圖想以口紅掩蓋的話會使情況越來越糟，最好停用一段時間。而口紅最好是選擇敏感肌專用的商品，並於塗抹前先上一層護唇膏給予滋潤。卸妝時請勿以唇部專用卸妝品擦拭卸除、或是隨便拿面紙用蠻力使勁摩擦。

蜂蜜＋凡士林製成的面膜，能有效對付嘴唇黏膜乾裂

當嘴唇乾燥裂開的時候，絕對嚴格禁止用手摩擦、撕除皮屑的行為。另外，舔嘴唇的不良習慣也要改掉。為了修護黏膜乾裂型的嘴唇，以凡士林※加強保濕，蜂蜜加強修護受損，可立即見效。作法很簡單，只要取各半的凡士林與蜂蜜，均勻攪拌後塗抹上嘴唇，最後包覆上一層保鮮膜，即可完成速效唇部面膜。

※凡士林（請參考P100）

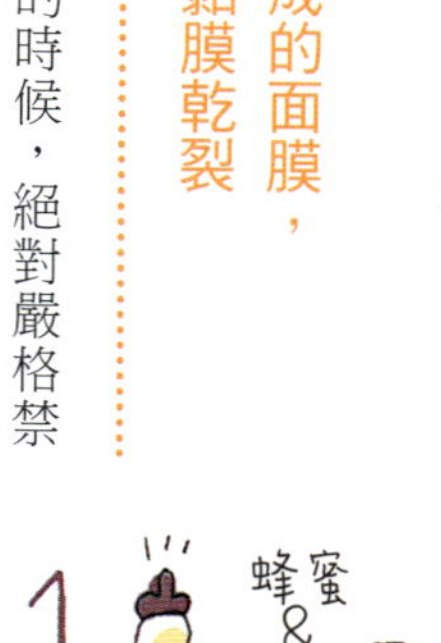

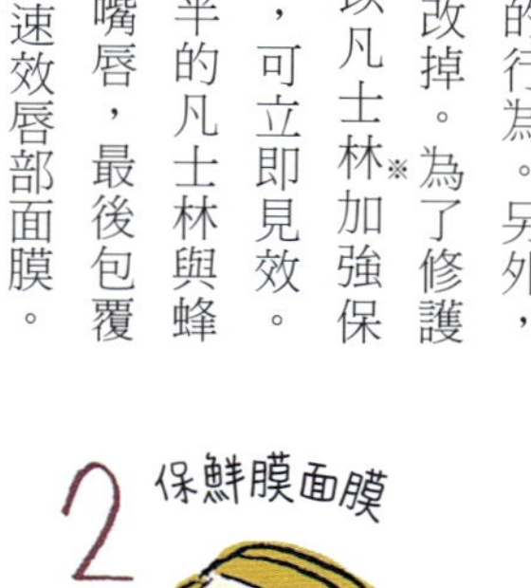

輕石&尿素成份的乳霜，消滅厚重的腳底角質

腳底因缺乏皮脂腺，特別容易乾燥
足部美容保養也不能馬虎！

腳底因為必須承受全身的重量，活動量又大，這些摩擦常會刺激皮膚角質層產生防禦作用，使它不斷增厚來保護肌膚。因此，在某些壓力較大的面上會出現「繭」，與手指上產生「手繭」的道理相同。

特別是由於腳底的皮脂腺分佈較少，肌膚很容易乾燥，如果不好好保養護理的話，腳底肌膚會持續增加厚度。一旦角質過厚，會開始出現乾燥、龜裂等情形。

當感覺腳底「角質越來越厚」時，可以利用洗澡的同時皮膚角質軟化之後，用輕石輕輕磨掉表面多餘的角質，就能輕鬆去除腳底硬皮及老繭。洗完澡後，立刻塗上保濕性強的乳霜保養，如：含有「尿素※」成份的乳霜，不但具有去除老廢角質的作用且保濕力良好，能有效預防乾燥。只要確實按照上述程序保養，就能徹底告別腳底龜裂！

另外，化學纖維的襪子或熱毛毯會使足部肌膚變得更加乾燥，請特別注意。

※**尿素**

體內自行生成製造出的物質，亦為肌膚天然保濕因子的主要成份之一。與水的相容性極佳，能將水分牢牢鎖住，保濕效果一級棒。但是，當空氣過於乾燥時，其保濕力會大幅下降。此外，由於尿素成份兼具保濕及軟化角質效果，特別是手肘、膝蓋、腳底等角質較粗糙的部位，可加強滋養修護。

減少洗手次數，塗抹乳霜後戴上手套加強修護

「雙手」屬於活動量極大的部位，一旦產生乾燥粗糙，極易陷入惡性循環之中

一般而言，經常不戴手套洗碗、或洗手次數較多的人，最容易發生手部粗糙現象。最初時，多半是從使用最頻繁的中指、大拇指開始出現徵狀，手指的皮膚又乾又硬，指紋也變得越來越淺，最後會造成龜裂。如果持續置之不理的話，會慢慢的延伸到其他手指，有時會伴隨搔癢、乾裂，嚴重時甚至會出血疼痛不已。

然而，當人類缺少雙手的協助，即意味著失去便利的生活。因此就算演變成這種局面，手部肌膚還是無法得到充分的休養。所以一旦手部出現乾燥粗糙的情況時，會加倍難痊癒。當角質的防禦機能受損、皮膚越來越脆弱時，儘管只是觸摸水或紙，也會讓乾裂的情況加重，陷入惡性循環之中。

做需要碰水的家事時，最好戴手套洗手後也要確實擦上乳液保養

那麼為了改善手部粗糙，我們應該怎麼做呢？

其實要領只有一個，就是「徹底保護雙手」。做需要碰水的家事時一定要戴上手套，絕對不能用手直接碰觸洗潔

※ **正確洗手方式**

好像有許多人在照顧嬰兒時，為了小孩的健康著想，只要手接觸到任何東西都必須重新洗一次手。但是，如果因為這樣而造成手部粗糙的話，根本就是本末倒置。手部過於乾燥粗糙時很容易引起發炎，結果反而變得更加不衛生。記得洗手也應該要適可而止喔。

※※ **成人型異位性皮膚炎**

成人身上出現成人型異位性皮膚炎的病例好像有逐漸增加的趨勢。一般因洗潔劑引起的手部粗糙多從指腹位置開始出現症狀，然而成人型異位性皮膚炎的主要特徵則是由指甲周圍開始紅腫發癢、脱皮占大多數。即使手不碰觸洗潔劑，也會出現類似手部粗糙乾裂的症狀。（請參考P101）

劑；蔬菜上的泥巴、汁液也可能會引起手部粗糙，接觸時最好先戴上一層薄塑膠手套。而且，洗手的次數也不能過度頻繁。因為只要一碰到水，就會造成手中的滋潤成份（神經醯胺、天然保濕因子）流失。尤其是一天之中習慣洗很多次手的人※要特別小心。不得已需要碰水的時候，之後一定要馬上補擦護手霜保護雙手。由於手掌、及腳底的皮膚沒有皮脂腺分佈，因此洗完後必須立刻補充適當的油份。

如果按照以上方法操作之後症狀仍然無法改善，請立刻尋找專業醫師的協助吧！單靠保養無法治癒的手部問題，一般必須配合塗抹皮膚科開的類固醇藥，協助治療。

但是，其中也有原以為只是手部問題，結果發現是成人型異位性皮膚炎※※的案例。這種情況下一定要去看醫生、塗抹類固醇藥膏，否則應該很難自己治癒。

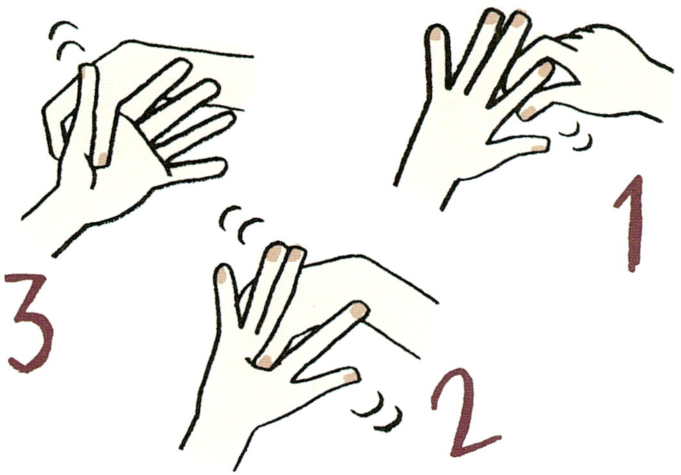

塗抹護手霜的方法

1 手指平放伸直，塗抹上護手霜後，一根一根的輕輕按摩手指使肌膚吸收。由手指根部朝向指尖位置，輕輕按壓，指尖部份可以稍微加強揉捏力道。

2 每一個手指的縫隙都要仔細塗抹上護手霜。可稍微加強力道按摩，使肌膚吸收。

3 用大拇指揉捏整個手掌。

找出「潛藏原因」

改善生活習慣，調整體質

所謂的「肌膚粗糙」一詞嚴格說來不算是醫學用語，一般為肌膚乾燥紅腫、粗荒脫皮…等肌膚煩惱之通稱。然而到我這邊就診的患者們，出現最多的問題竟然就是「肌膚粗糙」！

我經常聽到有人控訴「肌膚會變得粗糙，八成是化妝品出問題」，然而事實上，肌膚之所以會出現粗糙乾荒的症狀，並不全然是化妝品的錯。極有可能與當時自己的身體狀況、精神狀況…等，身心方面都有很大的關聯。

你是否曾經聽過：「肌膚是內臟器官的反射鏡」這句話呢？舉凡消化不良、便秘、睡眠不足、壓力…等，都會不斷累積加重身體的負擔，而後果往往會如實的呈現在我們的肌膚上。因此，首先必須要改正自己的生活習慣，不要過度勉強，就從調整體質開始進行吧！

避開高刺激性的商品

接下來，重新檢查化妝保養品。當出現肌膚粗糙的現象時，一定要避免使用高刺激性的化妝品。其中最常見的就是：卸妝品刺激所引起的肌膚粗糙問題。

卸妝品比洗臉產品的洗淨力還要更強，對肌膚而言是一大負擔，在大動作更改全部的化妝品之前，不妨先將卸妝品換成敏感肌專用的乳霜型（水洗式）卸妝試試看吧！另外，擦拭型的化妝水刺激性也很強，請盡量避免使用。

至於防曬品（尤其是效果超強的防水型防曬），很容易引起肌膚粗糙，習慣每天使用的人一定要三思啊！

透過測量表，發現問題點

造成肌膚粗糙的原因有很多種可能性，搞不好是連自己都意想不到的部份在作祟呢！

那麼，首先請確實回答「了解引發肌膚粗糙的真正原因（P98）」測量表中的問題，幫助找出正確的解決之道。

內油外乾的我，到底是油性肌膚？還是乾性肌膚呢？

「皮膚看起來很油，可是卻也很乾燥，這樣的我究竟該使用油性肌還是乾性肌的保養品呢？」遇到這種特殊情況的人大多是屬於外油內乾，也就是典型的油脂分泌多卻非常缺水的膚質。

如果不將油脂與水分當作兩個各別的物質來看待的話，就很容易陷入這種混亂之中。我們經常將油性肌（脂性肌）當成乾燥肌反義字，但實際上並非如此，即使是油性肌膚當然也有可能出現乾燥、缺水的現象。

外油內乾的肌膚最容易引發溼疹、面皰等肌膚問題，這種膚質的人需要特別注意的是：洗臉時徹底洗去老廢油脂，並立即補充足夠的水分（保濕成份）。

含有神經醯胺、或玻尿酸成份，且油脂含量低的精華液是最佳選擇。

✦了解引發肌膚粗糙的真正原因 - CHECK LIST✦

針對以下項目，如與自己的生活作息、嗜好…等有符合的地方請打〇做記號。做完測驗後，一邊參考左頁的「找出原因，對症下藥」的建議，一邊對照自己打〇的地方，自我評估看看吧！

1 攝取蔬菜時，偏好吃生菜沙拉。
2 喜歡麵包、麵條，午餐也經常吃麵食類食物。
3 在自家下廚、吃晚餐的次數，一週少於四次。
4 飲食不規律，三餐不定時吃，有時也會在晚上10點過後進食。
5 一天抽10根以上的煙。
6 偏愛咖啡、紅茶等飲料，一天至少喝3杯以上。
7 喜歡吃刺激性食物（辛辣物）。
8 經常熬夜，半夜2～3點還醒著是家常便飯。
9 平均睡眠時間在6小時以下。
10 就寢時間每天都不固定（差距超過1小時以上）。
11 平常總是睡眠不足，靠假日時候補眠。
12 睡眠品質不佳，或是經常在半夜醒來。
13 對於職場…等的人際關係感到煩惱。
14 情緒容易焦躁不安，經常有氣無力的。
15 有過突然心悸，感到呼吸困難的經驗。
16 喉嚨底部感覺好像被誰壓住似的，相當難受。
17 生理期不順、生理痛。
18 生理期前會嚴重感到不安、頭痛、肩膀酸痛…等。
19 生理期前特別容易便秘，肚子脹脹的感覺。
20 生理來潮時出血量少，經常3天左右就結束了，反之或是異常持續10天以上。
21 缺乏運動。
22 不常爬樓梯，大部分都利用手扶梯、電梯代步。
23 假日經常在家閒晃虛度。
24 腰部或膝蓋有時會感到疼痛。
25 體質虛寒，手腳容易冰冷。
26 一到傍晚雙腳容易水腫。
27 因工作關係必須長時間坐著。
28 有慢性頭痛、肩膀酸痛的症狀。
29 為了洗淨毛孔中的髒污，花費很多時間卸妝。
30 眼妝部份以專用卸妝品使勁擦拭乾淨。
31 用化妝棉沾取化妝水仔細拍打塗抹至肌膚上。
32 顴骨部位泛紅，微小血管清晰可見。
33 使用擦拭型化妝水或卸妝品。
34 對於話題性十足的化妝品，總是不假思索買下。
35 每次用完一瓶化妝品就會立刻改用其他系列。
36 使用簡單快速卸除型的卸妝品。
37 選擇化妝品時不會仔細查看其添加成份。
38 認為只要使用無添加的化妝品，就一定不會過敏。

找出原因，對症下藥

1～4中劃○的人

原因與飲食生活有很大的關係。請經常維持良好、均衡的飲食習慣。

請參考P34～36

5～7中劃○的人

原因與喜好物有很大的關係。香煙及咖啡因都會造成血液集中到腦部，肌膚無法得到充足的養分。

請參考P38～41、213

8～12中劃○的人

原因與睡眠有很大的關係。一直持續不規律的生活、或經常睡眠不足的話，無法擁有美麗的肌膚。

請參考P42～43

13～16中劃○的人

原因與壓力有很大的關係。造成免疫力下降、荷爾蒙失調…等症狀，影響甚大。

請參考P44～45

17～20中劃○的人

原因與荷爾蒙失調有很大的關係。也有可能是不健康的生活所導致。

請參考P46～49

21～24中劃○的人

原因與運動不足有很大的關係。尤其是電腦族的人，通常都是神經層面感到疲勞，但身體卻不會累，因此睡眠很淺。盡可能多起來動動身體吧！

請參考P246

25～28中劃○的人

原因與血液循環不佳有很大的關係。肌膚新陳代謝變差、角質過於肥厚，造成肌膚黯淡無光。

請參考P38～41

29～33中劃○的人

原因與摩擦及刺激有很大的關係。稍微一點點的摩擦都有可能會傷害到肌膚，使角質障壁機能減弱。特別是眼睛周圍的皮膚，日常保養時請特別小心注意。

請參考P52～65

34～38中劃○的人

原因與化妝品挑選方式有很大的關係。只要發現一項可疑的物質成份，就請先停用一陣子吧！

請參考P52～73

當肌膚狀況非常粗糙時，只需使用保濕霜及粉底

正因為處於粗糙期，更需要加強保濕及防曬

粗糙的肌膚中，水分會不停的向外蒸發流失。如果因為肌膚出狀況就不敢留然塗抹任何保養品的話，反而會使肌膚粗糙的情形更加嚴重，因此一定要確實做好保濕工作。但是，此時不能塗抹會滲透到肌膚底層的保養品。當肌膚處於嚴重粗糙乾荒的狀態時，相較於水狀的成份會很容易滲透進去，而油脂多的成份只會讓皮膚表面變得柔軟。因此，在這種緊急情況下，如果不清楚到底應該塗哪種化妝水、乳液、還是乳霜的話，最好只單塗乳霜（或是單塗乳液）即可。如果連乳霜都還是會滲透入肌膚裡的話，就以凡士林※替代。

另外非常重要的一點：即使當肌膚粗糙不堪的時候，紫外線防護工作也千萬不能馬虎！塗完防曬後可再上一層粉餅或是蜜粉（loose powder）※※。粉體類的東西較容易使肌膚乾燥，因此別忘了上粉前要先塗抹保濕霜※※※打底。最後，回到家時記得要進行雙重洗臉，然後也一樣要再塗抹保濕霜喔。

如此一來肌膚就能得到充分的休息，大約1週時間，肌膚狀況就能穩定下來。接著，一邊確認肌膚的恢復狀況，再一次一次的加上精華液、或化妝水，慢慢回復原有保養程序。

※**凡士林** 由石油煉化而成的碳氫化合物類混合物。溫和不刺激肌膚，亦可作為治療異位性皮膚炎使用。

※※粉體類同樣具備完整紫外線防護作用，即使包裝上並無標示出SPF防曬係數亦是如此。

※※※防曬乳對肌膚刺激性很強，請避開肌膚粗糙時使用。

成人身上也會發生嗎？異位性皮膚炎

當眼睛四周紅腫、乾糙粗荒、有時亦伴隨著搔癢時，很有可能就是異位性皮膚炎的症狀。發生在大人身上的異位性皮膚炎，最大的特色在於它通常會在臉上出現明顯徵兆，一般稱之為「成人型異位性皮膚炎」。初期的症狀多由眼睛四周肌膚發紅、變得十分粗糙開始，慢慢的再擴散到全臉的肌膚，脖子及手指部位也會出現溼疹，有時甚至會讓人癢得睡不著覺呢。即使如此，還是有人會認為「異位性皮膚炎應該是小孩子才會得的疾病」。然而實際上，成人型異位性皮膚炎的病例並不少見。

在現代醫學的範圍內，其實異位性皮膚炎並不是簡簡單單就能用藥物治療痊癒的疾病。尤其是大人身上發病的情況，諸如：長期加班、睡眠不足、壓力過大…等因素，都有可能隨時引發急性異位性皮膚炎，與我們的生活習慣之間有著密不可分的關係。因此，首先最重要的是要先導正生活作息，不要過度累積壓力。

但是，搔癢的症狀就不是這麼容易控制的問題，雖然透過類固醇藥物多少能夠產生牽制效果，但一旦停用又會立刻開始發癢，且長期使用類固醇要小心引發副作用。因此，關於這方面藥物的使用事項，一定要經過專業醫師的診斷說明。另外，當肌膚嚴重搔癢時，請立即到皮膚科就醫吧！

透過皮膚科的診治，醫師會給予適當的類固醇藥物不致產生副作用，並能有效控制住發癢的症狀。成人型異位性皮膚炎多半需要花上好幾年工夫才會自然痊癒，應該一邊搭配藥物輔助，一邊慢慢的調整生活作息，保持規律的生活。我聽說漢方療法對治療異位性皮膚炎的效果也很不錯，可試著尋找合適的中醫協助改善。

吉木醫師的小建議

冬季及夏季的肌膚保養&化妝

想要經常保持漂亮的肌膚，不論保養還是化妝，都必須配合每個季節的肌膚狀態做改變，適當的調節是非常重要的。尤其是在冬季及夏季，這兩個時節對肌膚都是一大考驗，因此要特別小心注意，以下我將簡單介紹這兩個季節中肌膚保養&化妝的重點。

冬季保養

最重要的兩個原則就是：卸妝時不要帶給肌膚太大的負擔（請參考P52）、補充肌膚足夠的分子釘成份的精華液。另外，一週敷 1～2 次保濕面膜（固化型面膜。請參考P90）。

使用粉餅容易浮粉的時候，相較於粉底霜，不如改用膏狀粉底替代，對肌膚才不會產生太大的負擔且能擁有美麗的妝容。

空調容易使肌膚變得更乾燥，早上化完妝時可用雙手沾取少許化妝水或精華液在臉上推開，加強保濕。絕對不能使用噴霧化妝水。因為水分在蒸發的過程中，反而會奪走肌膚原有的潤澤成份。

夏季保養

即使到了夏天，日常使用的防曬品（乳液或乳霜），最多也只能用防曬係數約 SPF20，且完全不含化學成份的產品。但是，頰骨位置可塗抹較厚一層的防曬。粉餅也是一樣，在頰骨部位可加強塗抹。而洗臉及保濕基本上與「基礎保養（請參考 P74）」中的介紹大同小異，唯有分子釘精華液，在夏天時最好減少使用量、或是只塗抹於眼睛及嘴唇四周的肌膚也無妨。

為防止脫妝，早晨的保養＆化妝應減少油脂的使用（如：少油脂成份的精華液、或避免使用乳液等方法，透過基礎保養即可達到控油效果）。同時必須考慮到之後的出油情況，完妝時可稍微加重粉餅的部份。白天肌膚泛油時可用吸油面紙按壓 T 字部位，並在脫妝的部位以少量的蜜粉補妝。

肌膚老化

斑點、皺紋、鬆弛

肌膚為什麼會產生老化現象呢？

老化原因之1

「活性氧」會使身體生鏽

所謂「肌膚老化」，意指肌膚機能衰退的現象。大多數的人往往要等到年紀過了40之後，發現自己臉上的斑點、皺紋好像越來越明顯，此時才會真正的清楚意識到「自己的肌膚正在衰退」。然而事實上，當我們呱呱墜地的那一刻起，老化早已悄然降臨。

身體組織漸漸氧化的現象稱之為「老化」。請試著想像「身體正在生鏽」的情景，應該就不難明白。人類必須進行呼吸作用才能得到能量，不可避免的一定會產生活性氧，而此活性氧正是造成肌膚生鏽的主要原因。簡而言之，只要人類活著的一天，就絕對不可能逃避老化的宿命。再加上如果有抽煙習慣、或壓力過大的狀況時，會導致活性氧快速增加。

隨著年齡增加，過氧化脂質含量的變化

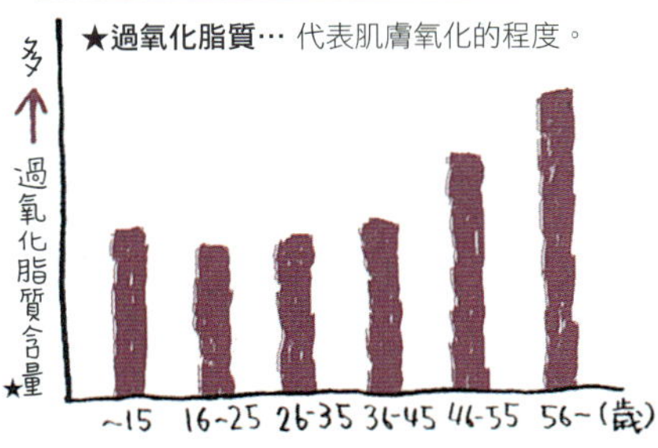

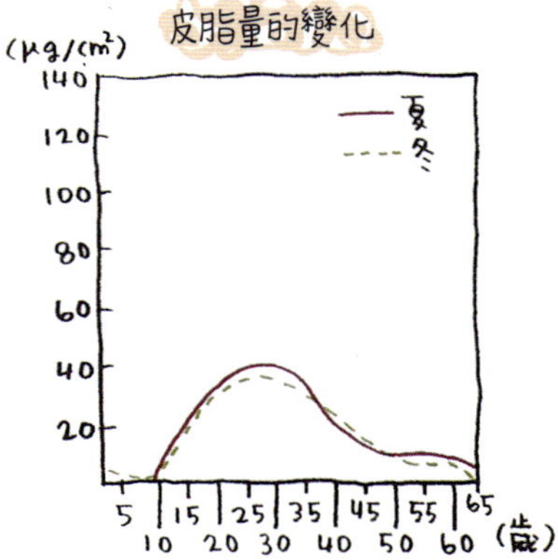

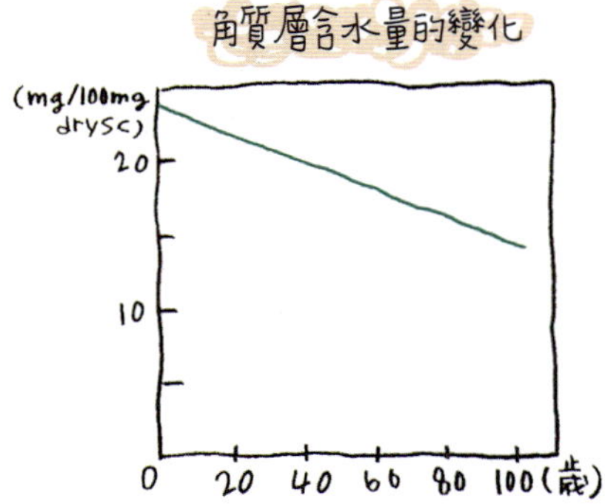

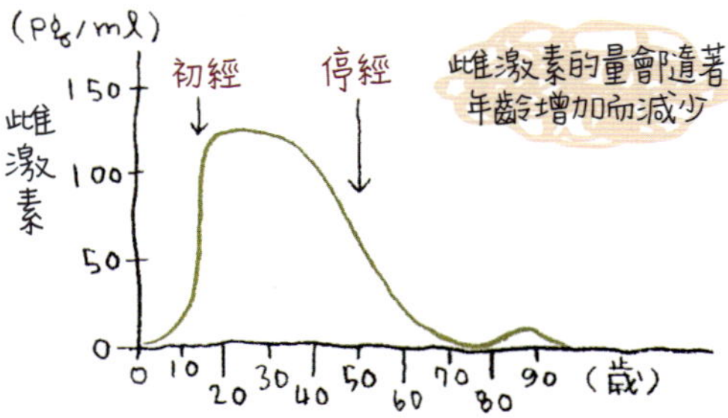

老化原因 之2

保濕成份無法正常運作，水分不斷流失的結果，終究演變成乾燥肌

隨著年齡漸漸增長，不論是肌膚或身體，都會開始產生許多重大的變化。

首先，影響最深的是真皮層的含水量。嬰兒時期大約有80%的含水量，慢慢遞減，到了20歲左右時約有65%，自此之後便開始一路直線下滑。除此之外，神經醯胺（請參考P26）同樣是隨著年齡增加而遞減，造成表皮角質層中的水分不斷流失。這種肌膚的缺水現象，一般到了30歲左右會變得非常明顯。

不僅如此，等到30～40歲之間，就連皮脂的分泌量也慢慢減少。主要是因為女性荷爾蒙的分泌量降低的緣故，間接影響到膠原蛋白不足，使肌膚出現皺紋、鬆弛等現象。再加上更新週期也越來越遲緩，肌膚變得黯淡無光、一長痘痘就很難痊癒。

老化原因之3

紫外線、過度摩擦、錯誤的肌膚保養及生活習慣

綜合以上生理的自然衰退現象，再加上紫外線、錯誤的肌膚保養方式（過度摩擦肌膚、不合適的化妝品…）等人為因素，不斷加深肌膚傷害的結果，導致肌膚加速老化。即使是肉眼看不見的極微小傷害，每天不斷的累積之下，也會慢慢的刻劃出傷口痕跡。就如同紫外線的傷害，最後會在肌膚上形成斑點，並在真皮層產生皺紋。如果老是仗恃著「我還年輕，沒關係」這種想法，將肌膚曬得黑嚕嚕的但又不勤加保養，可是會造成肌膚提早老化喔！

另外，肌膚乾燥的問題也不容小覷，一旦角質的障壁機能產生衰退，肌膚就會變得比原本健康肌膚時更加容易遭受外界刺激的侵襲，同樣也是加速老化的兇手之一。我們常說：「皮膚是內臟器官的反射鏡」，而錯誤的減肥方式、或睡眠不足…等，都有可能間接造成肌膚快速老化，要特別小心！

肌膚保養的攻守策略，有效延緩老化

延遲老化的方法，稱之為「抗老化」

隨著年齡增加肌膚無可避免的會漸漸衰退，而我們唯一能做的只有減緩其退化速度，這個方法我們通稱它為「抗老化(Anti-aging)」。肌膚保養當然是其中關鍵的一環，另外更包括了：生活、飲食的習慣…等林林總總的項目。而關於生活及飲食習慣的部份請參考第2章（P32～49）。在此，我將針對肌膚保養的部份做說明。

保養的攻守策略

為了延緩肌膚老化的速度，我們必須攻守兼備，同時進行「防守保養」及「進攻保養」。

「防守保養」可分為：保護肌膚不受紫外線侵襲、以及補充肌膚營養的兩大項目。

首先，一定要全年無休的實行紫外線防護措施，徹底保護肌膚不受紫外線傷害。詳細方法可參考P114～139的說明。

至於補充肌膚營養的部份，請以維他命B群、C、E為主加強保養。以上這些都可視情況而自己斟酌使用，但唯有「維他命C誘導體」，是絕對不可或缺的成份。因為維他命C誘導體中含有許多如：促進膠原蛋白合成、深層美白…等神奇美肌效果。

強烈建議可使用添加維他命C誘導體的化妝水做長期保養。另外，如果再搭配上抗氧化成份的話更是絕佳無比。當人們了解「老化＝氧化※」的嚴重性之後，便研究出方法，將萃取自植物精華的抗氧化成份添加入化妝品中製成商品。或許有某些參考價值，不妨一試。

其次為「進攻保養」，主要著重於積極提高代謝速度、促進增生膠原蛋白的保養。例如：果酸或維他命A（RETINOL），即是典型的進攻保養策略。

果酸去除老廢角質後，皮膚為了儘快修復角質層，會產生一股神奇的力量快速往上推擠。簡而言之，就是使細胞分裂的作用更加旺盛。適當的果酸換膚可幫助肌膚恢復健康光采，定期使用表皮會越顯光滑飽滿，促進真皮層增生膠原蛋白，使肌膚明亮白皙。

「防守保養策略」與「進攻保養策略」雙管齊下，全方位對抗老化。

依照年齡採取不同的抗老化對策

當我們發現臉上斑點、細紋好像越來越明顯的時候，一般大概都在20歲後半段～30歲左右的時候吧！然而事實上，這些（斑點、細紋）卻是從我們出生那一刻起，便開始一步步的累積「老化」了呀！那麼，我們到底應該從幾歲開始採取抗老化的保養呢？我想這個問題誰都沒有標準答案。

我大致歸納出以下幾項抗老化的保養原則，提供各位參考。10幾歲時應該開始做紫外線防護的「防守保養」；20歲之後塗抹含有維他命C誘導體配方的化妝水；30歲之後即可開始進行「進攻保養」，使用一些維他命A或果酸配方的化妝品輔助。

※老化＝氧化（請參考P105）

有效對抗老化的成份

從防止肌膚老化的「防守型」成份↓促進更新週期、增生膠原蛋白的「進攻型」成份，一應俱全。不論哪一種成份，只要確實保養，就能向全方位抗老化的目標更貼近一步喔。

防守型保養的有效成份

●**維他命C誘導體**：維他命C具有提高皮膚吸收性的作用，且為合成膠原蛋白時不可或缺的物質之一，同時也具有美白效果。亦可作為抑制皮脂分泌，縮小毛孔使用。除了磷酸型維他命C，亦有一種磷酸棕櫚酸複合型維他命C誘導體，簡稱為APPS。APPS型維他命C誘導體兼具水溶性和油溶性兩種特性，與磷酸型維他命C相比，對於肌膚的滲透力更強，因而聲名大噪。

●**菸鹼酸（niacin，維生素B_3）**：具有提高膠原蛋白合成的作用，使肌膚充滿彈性水嫩，對消滅痘痘也很有效喔！低刺激性且能發揮抗老化效果，最適合脆弱型肌膚的人使用。

●**多酚類、甘草精華、黃芩精華等（抗氧化成份）**：植物性精華常被用來添加在抗老化產品中。

進攻型保養的有效成份

●**維生素A（RETINOL）**：人體體內亦有維生素A的存在。由於它具有增生真皮膠原蛋白的作用，因此經常被使用於防止皺紋。然而它的刺激性非常強，塗抹於全臉時可能會產生白屑，因此最好針對眼周肌膚集中保養即可。

●**AHA**：典型的果酸成份。與甘醇酸、乳酸、水果酸為同一性質。經常添加於肥皂、面膜、擦拭型化妝水、精華液之中，用途相當廣泛。由於擦拭型的產品刺激性過高，其中我最建議各位使用皂類保養。先從一週使用1～2次開始，待肌膚適應後可慢慢增加使用次數。

●**BHA**：即為水楊酸（salicylic acid）。低刺激性，對於痘痘、痘疤、斑點、小細紋非常有效，但依照日本政府規定，化妝品中BHA的添加量必須維持在濃度0.2%以下。

在自家進行BHA換膚非常困難，請洽詢各地皮膚科診所。

吉木醫師的小建議

戰勝老化之特別保養法

推薦給想要更進一步對抗老化的人參考。

●每日實施・防守型保養

防止肌膚老化的最優先事項莫過於「每日紫外線防護措施」。即使待在家中不出門，也要簡單塗個粉餅或是蜜粉。如果必須長時間待在外面的時候，請務必塗抹防曬係數約SPF20的防曬品，取代隔離產品。同時，搭配使用含有維他命C誘導體的化妝水，全面預防斑點、細紋、毛孔粗大…等老化現象。

●每日習慣・進攻型保養

為了預防斑點的形成，請養成每天使用美白精華液的習慣。在塗抹完維他命C誘導體成份的化妝水之後，於全臉加強塗抹甘草、洋甘菊精華的美白精華液。除此之外，為防止細紋產生，可於眼周部位輕柔地塗抹維生素A精華液保養。請特別注意！當肌膚過於乾燥或狀態不佳的時候，必須停用維生素A的精華液。

●一週兩次・進攻型保養

一週中平均選兩天時間，以添加果酸成份的洗顏皂洗臉。適當的去角質可以幫助提高肌膚更新速度，加強預防斑點及細紋。

●一週一次・防守型保養

一週平均一次，挑戰使用專門的美顏器具進行保養。首先，為了預防斑點及皺紋，可以使用負離子導入器做維他命C美白導入。除此之外，也可以用超音波按摩器做全臉按摩，能有效促進血液循環，防止臉部細紋、鬆弛的現象。

20歲過後，每日使用維他命C誘導體

維他命C誘導體對付斑點、細紋、痘痘…效果極佳

為了使化妝品中所添加的維他命C更容易滲透入肌膚底層，因此必須將它轉變成肌膚容易吸收的型態，也就是新一代的「維他命C誘導體」。大家一定都知道維他命C具有高效淡化斑點效果，但它同時也具有抗氧化作用，因此可達到預防老化、舒緩發炎痘痘的實際療效。過了20歲之後，平日就以含有維他命C誘導體的化妝水、或精華液保養肌膚吧！

想要永保青春美麗的肌膚，請從現在開始，每天持續使用維他命C誘導體，會有很大的幫助喔！

若想進一步提高效果，可搭配負離子導入

維他命C本身原本就擁有極高效的保養作用，因此，如果有辦法加強它對肌膚的滲透性，就能加倍提高美肌效果。為了達成這個目的，因此才研究開發出利用微弱電流的負離子導入技術。

維他命C溶於水中時，會產生負極電。也就是說，添加於化妝水及精華液中的維他命C為負極物質。因此，塗抹於肌膚後，再加上負極電力的導入，兩者之間產生負負得正的化學作用，藉此

※若該導入器有限制只能使用特定的維他命C化妝品，一旦此導入器停止販賣的話，當然此專用維他命C化妝品也會隨之停售。最後這個導入器也將形同報銷。

達成將維他命C輸送至肌膚底層之目的。

透過負離子導入維他命C誘導體，可深入瓦解、淡化已形成的深層斑點。皮膚科醫學學會中也對於此技術給予高度的肯定。

讓維他命C不再只有美白，甚至可達到抑制痘痘發炎、增生膠原蛋白、改善皺紋的作用，大幅提升使用效能。

負離子導入的技術原本只能在皮膚科附設的美容中心做導入，但最近市面上已經推出許多家用簡易型的負離子導入器材。購買前一定要先確認是否有維修保固的售後服務。還有，盡量不要購買只能使用「該產品專用維他命C」的離子導入器，應該選擇能夠多方面使用各種維他命C的導入器會比較方便吧※！

最後，使用負離子導入時，其實並非一定要使用維他命C誘導體不可，亦可使用其他的純維他命C，也能達到同樣的效果。

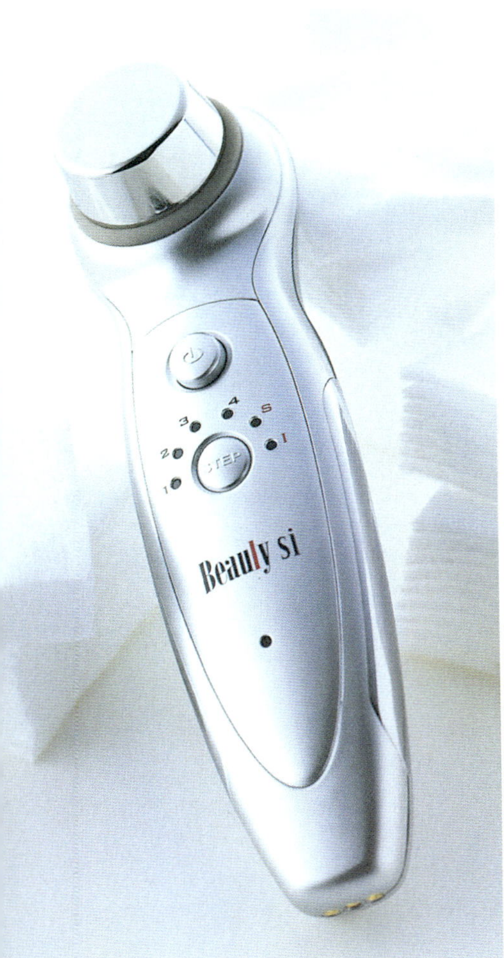

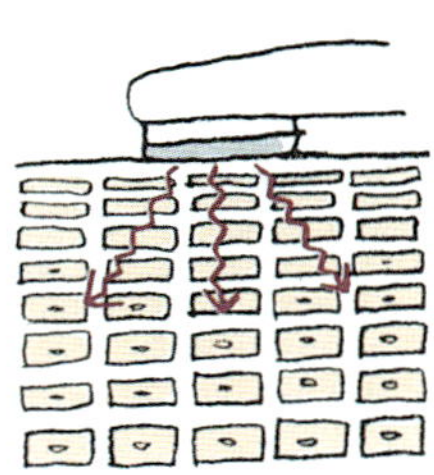

負離子導入的構造

先在臉上塗抹化妝水、精華液，並以負極電做導入，負負得正後互相產生激烈的化學作用，使維他命C能夠滲透到肌膚底層。

即使「只是曬了一下」也不能掉以輕心！

當紫外線集中站滿溢時隨即形成斑點

突然某一天臉上就冒出斑點了。「明明已經非常認真做防曬，怎麼搞的呢？」我相信一定很多人都有這樣的疑問。

然而斑點，絕對不可能是因為最近多曬了一點紫外線才突然產生。其實從我們出生後，身體裡就持續不斷的在收集紫外線曝曬量，斑點的形成經常是因皮膚受到紫外線慢性傷害累積所致。

肌膚裡有一個宛如紫外線集中站的地方，負責將我們每天所曬的紫外線一點一滴的全部收集起來。直到某天，當這個集中站的空間滿到再也裝不下時，等待爆發的那一刻，就會長出斑點。

「只是出去一下，不化妝也沒關係吧！」、「到外面曬一下衣服而已，沒有必要非得塗防曬不可吧……」像這樣大意的結果，造成紫外線一點一點的累積，持續往上堆高。另外，其實這個紫外線集中站的空間大小是因人而異，有人的天生就屬於小空間，換句話說就是對於紫外線光特別敏感的人，很快的就會爆發出來。

尤其是年輕時喜歡做戶外運動，經常把自己曬成黑嚕嚕的人，紫外線的收集速度或許比一般人都快上好幾倍呢！據說人的一生中所接收的紫外線量，10幾歲時的累積量就佔了全體的六成之多呢！年輕時的曝曬程度，將會嚴重影響到日後肌膚首次出現斑點的年齡。

「今年真想去海邊大曬特曬呀！」想要冒險一試的人，可是會讓收集量大幅超前喔！一定要小心預防不可。每天一定都要確實做好防曬措施，不能輕易中斷。想要擁有美肌，除此之外別無他法。

column

為強健骨骼，應稍微照射紫外線光較佳？

應該不少人深信「不曬點太陽的話，骨骼會越來越脆弱」的道理，但我認為實在沒有必要因為這樣而刻意的曝曬於日光之下。

經研究證實，當人體接收到紫外線的照射時，的確具有活化體內維他命D的分泌、促進骨骼生長的效果。以前甚至聽說在高緯度地區（如：北歐國家）因冬天日照時間過短的關係，造成罹患脊柱炎（一種骨骼發育不全的疾病）的機率較高，但這也已經是過去的事了。現在我們能夠透過攝取活性維他命D，立即補充身體所需的營養。

以亞洲的現況而言，要靠塗抹防曬品完全阻絕紫外線是不可能的事。因此，只要有外出，身體的某個部位肯定多少會照射到紫外線光，就算是極微弱的紫外線光也無所謂，就充分足以促進體內製造維他命D。即便是發育期的小孩，亦是如此。

紫外線唯一的優點就只有這個「活化維他命D」的功用，其他剩下的全都是：造成皮膚老化、紫外線致癌、白內障…等，嚴重危害人體健康的事。因此，紫外線可說是百害而只有一利的東西，從小孩到年長者，每個人都應該要盡量避免過度曝曬紫外線，才是最明智的選擇呀。

正確認識紫外線，竭盡所能在生活中避開紫外線照射

全面減低曝曬的風險，檢視紫外線的特徵！

大部份的人好像很容易會有「今天好熱，感覺會曬傷呀！」或是「天氣有點陰陰的，應該沒關係～」類似這樣的思考模式吧！但其實這真的是大錯特錯。

諸如此類，對於紫外線一知半解的人，往往很容易不小心就讓自己曝曬在陽光下，不知不覺中增加斑點、細紋。

想要全方位對抗紫外線的威脅，首先第一個步驟應該要從「正確認識紫外線」開始著手。

紫外線會穿透玻璃，進入房間內

太陽光線中約占50％的比例為可視光線，以及5％的紫外線，剩餘的即為紅外線。一提到陽光，我們腦中總是立刻浮現出「很熱」、「刺眼」的印象，其中，紅外線是主要導熱來源，而可視光會使人眼睛感到刺眼。然而紫外線不但不會熱、也不會覺得刺眼，即使曝曬在紫外線中人體也絲毫沒有察覺。因此很容易不注意就曬到過多的陽光。

這些太陽光線則依照波長做區分。波長400nm以下的光線為紫外線；波長800nm以上的光線為紅外線。

紫外線可再細分為UVA、UVB和

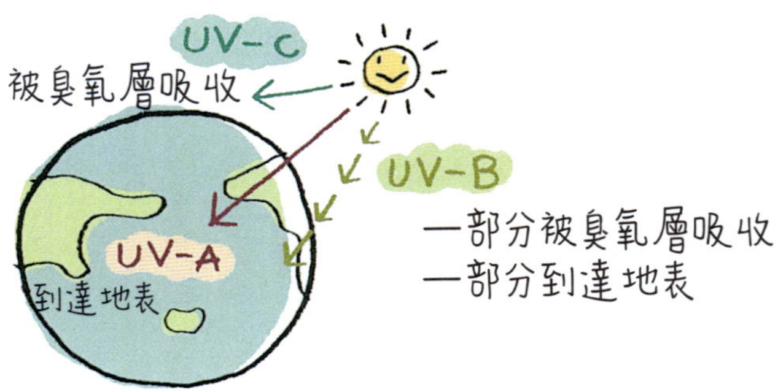

ＵＶＣ，能夠穿透大氣層到達地面的只有ＵＶＡ、ＵＶＢ，至於ＵＶＣ無法穿透大氣層，因此在地球表面沒有ＵＶＣ（然而研究報告指出，由於臭氧層遭到破壞產生破洞的緣故，使得具有危害性的ＵＶＣ可能穿透大氣層到達地面）。

ＵＶＡ與ＵＶＢ各具有下列幾項特徵。

ＵＶＢ的能量較強，嚴重時可能會引起水泡…等強烈的日曬灼傷，早在很久以前人們就已經知道它的傷害性。因此防曬品一開始，是以阻絕ＵＶＢ傷害為主要目的而進行開發。但最近研究發現，ＵＶＡ與肌膚老化、致癌性之間有極大關聯，所造成的傷害不亞於ＵＶＢ。因此，同時兼備阻斷ＵＶＡ及ＵＶＢ的防曬已經成為現今的主流趨勢。

就日光中的光線總量而論，在地表ＵＶＡ的總量約為ＵＶＢ的10～100倍之多，雖然ＵＶＡ的能量較弱，對皮膚的影響也絕對不容輕忽。

紫外線A波．B波之主要特徵

①A波（UVA）：
為長波紫外線，波長約３２０至４００nm。雖然能量較弱，卻可直接到達皮膚真皮層，不但會造成曬黑（請參考Ｐ122），且會引發膠原蛋白老化、以及致癌的危險性。由於ＵＶＡ穿透力非常強，可穿過雲層透出，因此即使是陰天ＵＶＡ的威力依舊不減。有許多曬黑沙龍美容院都會使用ＵＶＡ光源做助曬，請特別注意。

②B波（UVB）：
為短波紫外線，波長約２８０至３２０nm。能量非常強，是造成日曬灼傷（請參考Ｐ120）的主要原因。大致與ＵＶＡ相同，可能引發膠原蛋白老化、光致癌的後果。但雲層及窗戶可隔離大部分的ＵＶＢ。

光老化

因照射紫外線引起的肌膚老化現象，稱之為「光老化」。光老化的影響極深，會造成斑點及細紋的生成、改變全體肌膚的質感、肌膚越變越薄、黯沉無光澤…，後果不堪設想。除此之外，紫外線甚至會傷害表皮細胞的ＤＮＡ，提高皮膚癌的危險性，亦即「光致癌」的情況。

深入了解紫外線！

經常讓自己不小心曝曬於陽光下的人，最常出現的「不做防曬的理由」

因為天氣陰陰的

即使是陰天紫外線還是會穿透雲層，帶給肌膚傷害。就算只是短暫外出，也一定要確實做好紫外線防護措施。

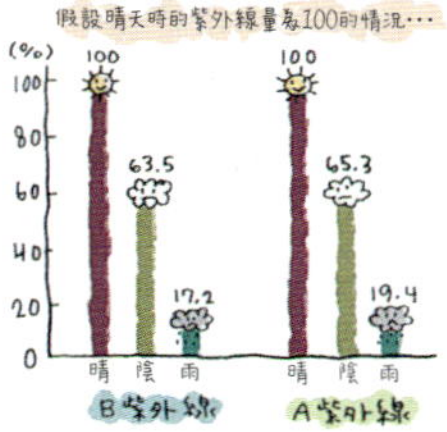

因為氣候很涼爽

大約從涼爽的初春季節開始，紫外線指數就會持續的往上攀升。另外，雖然山上氣候很涼快，但由於標高較高的關係，紫外線更為強烈。因此，如果要到海拔標高越高的山區時，請務必要使用防曬品做好紫外線防護措施。

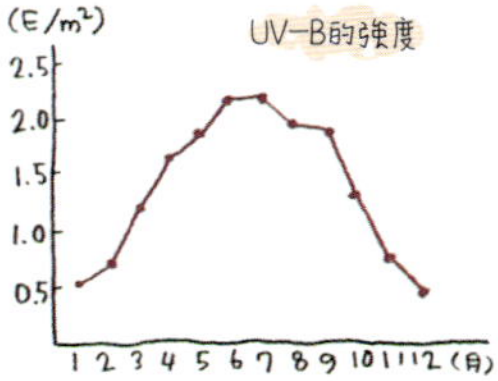

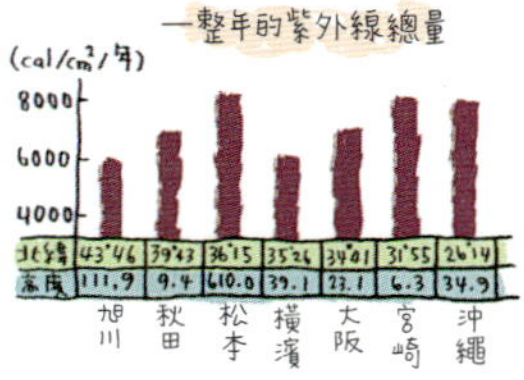

	旭川	秋田	松本	橫濱	大阪	宮崎	沖繩
北緯	43°46	39°43	36°15	35°26	34°41	31°55	26°14
高度	111.9	9.4	610.0	39.1	23.1	6.3	34.9

＊以日本地區為樣本

因為待在房間內

紫外線A波（UVA）穿透力非常強，可直接穿過玻璃。在不知情的情況下，我們在房間內、開車、坐捷運時…都正讓自己曝曬在紫外線之中。

因為在蔽蔭處

紫外線的形式並非只有直接到達地表的「直射光」，還包括一種從空中四面八方傳送到地表的「散亂光」。因此，即使身在蔽蔭處，也會接收到散亂光的侵襲，且此散亂光的量也絕對非同小可，一定要做好防曬。

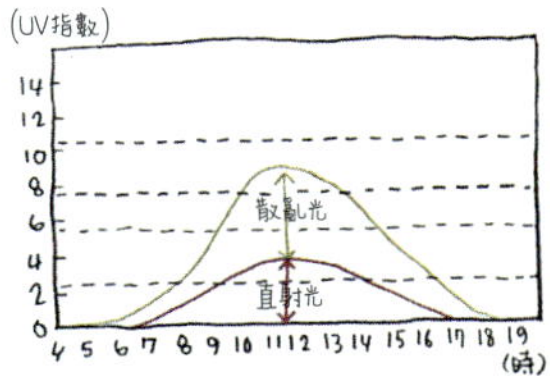

夏季晴天時的UV指數變化圖。
綠色線為紫外線總量。紅色線為直射光的量。

雪地	❄	80%
沙灘		10~25%
柏油路		10%
水面		10~20%
草地・土		10%以下

紫外線到達地面後的反射率

因為穿著長袖衣服

假設長袖衣服是粗編毛衣的話，紫外線還是可以通過其織網，使我們在不注意之下受到紫外線光照射，因而形成斑點。想要確實阻絕紫外線的侵入，最好選擇材質為聚酯纖維、或棉質的細織厚衣物。

認識防曬品上所標示的SPF及PA之涵義

「SPF」為防禦UVB的能力，預防曬傷

預防斑點的第一步，肯定就是：「防曬」。最近市面上的防曬化妝品（sunscreen）實在多到眼花撩亂，在購買之前，我們首先應該要好好的認識防曬品上所標示的「SPF」※及「PA」※※真正涵義為何。

「SPF值」意思為阻斷紫外線B波（UVB）的能力。比起未使用防曬品，可將皮膚被曬傷（當肌膚開始出現紅腫、刺痛）的時間延緩好幾倍。比方說，使用了SPF2的防曬品後，在陽光下曝曬可以延長至2倍的時間。

一般，成人在夏天的日照之下，假設未使用任何防曬用品的狀態，曝曬紫外線光約20分鐘後會開始出現泛紅曬傷的徵狀（當然實際情況會因人而異，在此取平均值20分鐘為例），但如果塗抹了SPF2的防曬用品之後，在陽光下曝曬的時間則可以延長至20分鐘的2倍，意即延緩40分鐘之後才形成曬紅。

※ **SPF**

為Sun Protection Factor之縮寫，亦即「紫外線防禦指數」。SPF值通常在2～50之間，以前雖有數值超過100的防曬品，但自從2000年以後，規定將數值超過50以上的皆標示為50＋（日本化妝品工業聯合會的統一基準）。主要是因為一般情況下SPF50的防曬品已經十分足夠，且即使預估為50以上也很容易產生誤差。

※※

PA（請參考P122）

SPF的基準，並非是測量斑點出現的時間

這麼說來，假設塗抹了SPF3的防曬，即為20分鐘的3倍＝60分鐘，在屋外進行1小時的運動的話是不是就不會產生斑點呢？那也不必擔心斑點的問題了……。非常遺憾的是，事實並非如此。

再次強調，SPF數值為延緩皮膚被「曬傷」，也就是「曬紅」的預估時間值。絕不是肌膚出現斑點的時間。

事實上就算皮膚沒有曬傷，也可能會產生斑點。每天通勤時所照射到的陽光，在體內的紫外線集中站※※※慢慢積沙成塔，這才是形成斑點的主因。就算只有一點點的紫外線，也會使皮膚中的細胞逐漸產生變化，因而製造出斑點。

簡而言之，即使塗抹了SPF3的防曬品待在戶外1小時後沒有曬傷，然而，微小的「斑點原料」或許在肌膚深處的某個位置正一步步的發生作用中。

「日常生活使用，防曬係數約SPF20」為基準

按照上面的說法，那麼如果在戶外做1小時運動的情況下，到底應該使用SPF係數多少的防曬品才可能不會造成斑點呢？

非常遺憾的，這個問題並沒有所謂的標準答案。就現實層面而言，以目前的技術是無法測量到存在於肌膚細胞中極微小的「斑點預備軍」數量。說到底，SPF防曬係數終究只是一個參考值，並非必然。

這麼一來，為了防止斑點的產生，選擇防曬係數較高的商品會比較安全吧！事實上正是如此，大部分的人在日常生活中，在外曬太陽的時間平均約為1小

※※※紫外線集中站（請參考P114）

時／日以下。而SPF1＝20分鐘，照道理說出外一小時就只要塗抹SPF3的防曬品就已足夠了，然而以預防斑點的觀點來看，內心多少會感到不安吧！

因此，為了慎重起見，最好使用SPF20※左右的防曬品較為妥當。皮膚科醫學會也曾建議「一般日常生活的用途，大約使用防曬係數SPF20」。以此為基準，當外出時間較長的時候，再選用其他防曬係數較高的商品吧！

另一方面，我想一定有人會認為：如果紫外線果真會嚴重傷害到肌膚的話，那SPF值最好是能多高就多高吧！但是，事實並非想像中單純。防曬品本身，其實也會帶給肌膚不必要的負擔※※。

「PA」為防禦UVA的能力，預防曬黑

PA值※※※為阻斷紫外線A波（UVA）的能力。不同於SPF值有明確的數字標示，PA值是以＋～＋＋＋三個階段做區分。1個「＋」代表有效，2個代表很有效，3個則是非常有效的意思。

為什麼PA值只能標示的如此簡略呢？原因在於紫外線A波對於肌膚的影響性，並不像紫外線B波一樣會立刻清楚的呈現在外觀上，造成檢測上的困難度。通常紫外線B波在照射後的3～4小時內會出現發紅曬傷，然而紫外線A波出現曬黑（皮膚表面變黑）卻要花上數天的時間。

然而所謂的SPF值、PA值，不論何者，若要實際運用於人體上，數天之後再觀察實驗結果的變化，基本上都是非常難以準確測量的。因此，只能標示

※「SPF20為標準」的說法，基本上只限定於在戶外曝曬2小時以下，其肌膚強度（請參考P125）也屬於標準範圍內的人而言。

※※防曬品對肌膚造成的負擔（請參考P126）

※※※ **PA**
為Protection Grade of UVA之簡寫。

SHISEIDO
Gentle
Sun Protection Lotion
For Sensitive Skin and Babies
Lait Solaire Protecteur
Douceur
Peaux sensibles · Enfants
For Face/Body
Visage/Corps
SPF
30
PA+++

成三個階段做簡單的依據。

再者，SPF值為世界通用的共同基準測量值，而PA值為日本獨有的標示方式。

選擇時，日常使用以PA++、海邊或山區則以PA+++

購買防曬品時，大家是不是都只會確認SPF值而已呢？這或許與PA值的基準認定比SPF值還要晚被通過，大眾認知度不足的關係所導致。

但是，UVA才是真正會到達肌膚真皮層，製造斑點、細紋的主要兇手。比起不會到達肌膚真皮層的UVB，UVA更會促進肌膚深層的老化。為了防止上述情況發生，PA值可說是非常有幫助的參考依據，因此在購買防曬品前請務必要再做一次確認。

選擇時的基準，如果是日常生活中使用的話，適合「++」；若是到海邊或山上等紫外線較強的區域時，請使用「+++」較為妥當。

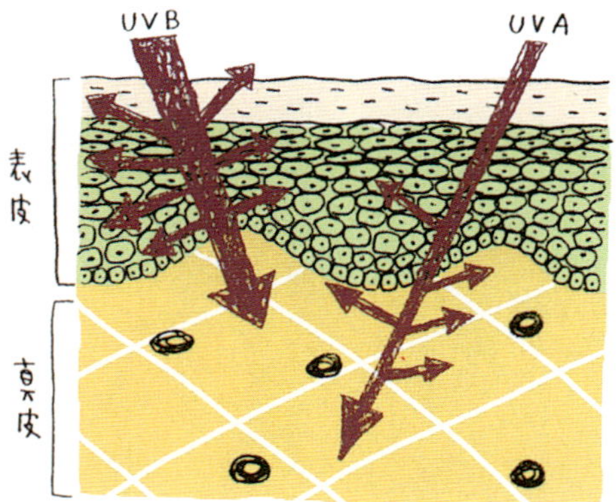

UVA及UVB到達肌膚的深淺程度

嚴格來說，PA值是以「即時型的黑化」為基準所被測量出來的，並非是以日後的曬黑程度為基準。我們都知道當肌膚接受到UVA時，數小時後會出現曬黑的現象（皮膚變黑），即稱之為「即時型的黑化」。其實在短短數小時之內肌膚並不會產生麥拉寧，它主要是在肌膚的預備麥拉寧中引發光氧化作用，因而使之轉變為黑色的麥拉寧。這與曬黑的原理不同，完全是屬於另一種反應。我們將能夠防止麥拉寧氧化作用的能力，視為防禦UVA的能力，也就是所謂的PA值。能夠使「即時型的黑化」發生時間延遲2~4倍的標示為PA+、4~8倍的為++、8倍以上的則為+++，以此為基準。

日曬後有人皮膚會變紅，也有人皮膚變黑 哪一種人比較容易形成斑點呢？

以醫學的角度分析，日本人的肌膚對於紫外線光的感受性，大致可區分為下列三種型態。

①肌膚型態Ⅰ…當肌膚照射到紫外線後會立刻變紅，但不會變黑。

②肌膚型態Ⅱ…當肌膚照射到紫外線後會變紅，2～3天後會變黑。

③肌膚型態Ⅲ…當肌膚照射到紫外線後不會變紅，但會立刻變黑。

第①型的人皮膚屬於對紫外線較為脆弱的人，而第③型則是較強的人。大部分日本人肌膚屬於第②種型態，約占全體的六成以上比例。

那麼意思是說，因為①的人對於太陽光較為敏感，因此就比較容易生成斑點嗎？其實是不能混為一談的。①的人多半是天生皮膚原本就很白皙，黑色素細胞的活動並不旺盛。某種層面而言，這種類型的肌膚反而較不易產生斑點（與白種人的肌膚相似）。然而，此類型的人極易受到紫外線影響，所以才會引發各種光老化現象（請參考P117）。斑點也是其中之一，尤其到了40歲之後斑點會逐漸湧現至肌膚表面。這樣的人究竟是屬於不易形成斑點、還是很容易形成斑點呢…？很難界定。

再者，第③類型的人由於對紫外線的抵抗力較高，少有起水泡…等肌膚灼傷的情況發生，但是體內的黑色素細胞活動非常旺盛，因此還是會生成斑點。除此之外，尚有一種並非是紫外線所造成的，而是發炎性色素沉澱型（請參考P143）的斑點，相較之下大多數是發生在③的人身上，①的人則極為少見。

平日請選用『無化學添加』的防曬品

無化學添加物，溫和不刺激肌膚

市面上的防曬品琳瑯滿目，價格從昂貴到便宜的都有，究竟我們應該如何選擇、分別使用呢？

首先，如果是平日使用的防曬品，最好選用不含紫外線吸收劑※的商品較佳。紫外線吸收劑是一種會對肌膚造成刺激的物質。通常在產品外包裝上會標示出「不使用紫外線添加劑」或「無化學添加」等字樣，可簡單分辨出來。

防曬係數而言，以「ＳＰＦ 20前後、ＰＡ＋＋」※※為標準做選擇。但是，如果是對紫外線較為敏感，也就是稍微曬到一點太陽肌膚就會立刻曬紅的人，可使用係數較高的防曬品也無妨。如從事幼稚園老師這種工作的人，由於必須長時間待在戶外，選用ＳＰＦ 30的防曬品會比較恰當！

選擇乳霜或乳液較佳

防曬品擁有許多不同的類型，如噴霧型、或化妝水型…等，種類繁多。其中以乳霜或乳液狀的商品，相比之下對肌膚較為溫和。另外，日常使用時，最好不要用防水型（耐水性）的防曬。

防水型一般也都具有耐汗的效果，不易脫落，因此卸除時一定得使用卸妝品

※紫外線吸收劑（請參考Ｐ128）

※※「ＳＰＦ20為標準」的說法，基本上只限定於在戶外曝曬2小時以下，其肌膚強度（請參考Ｐ125）也屬於標準範圍內的人而言。

輔助不可，很容易傷害肌膚。

隔離、粉底也最好使用無化學添加的產品

一般市面上販售的隔離及粉底化妝品中，經常會添加防曬效果在裡面。由於使用上極為便利，不需另外「再塗抹防曬品」，因此擁護者也不少。

然而，這些幾乎不是無化學添加的產品，大多都包含了許多紫外線吸收劑。像隔離及粉底這種東西，原本就屬於強調完妝效果的商品，而添加紫外線吸收劑對「外觀」不會產生任何影響，非常適合。

但是，如果站在肌膚保養的立場上，則最好不要使用這種防曬、隔離雙效的產品，建議直接使用無化學添加成份的防曬霜（非隔離打底用途），取代隔離霜。除此之外，粉餅方面也不需使用「特別強調防曬效果」的商品就以足夠。

值得注意的是，以敏感肌為訴求的防曬品並不等於「無化學添加」的產品，請特別小心。即使是標示著「弱酸性」的防曬品，也不一定表示對肌膚非常溫和，有很多人使用之後肌膚反而越來越粗糙呢。

就防曬品而言，是否為酸性的影響其實不大，應該認明是否為「無化學成份添加物」，才是最重要的。

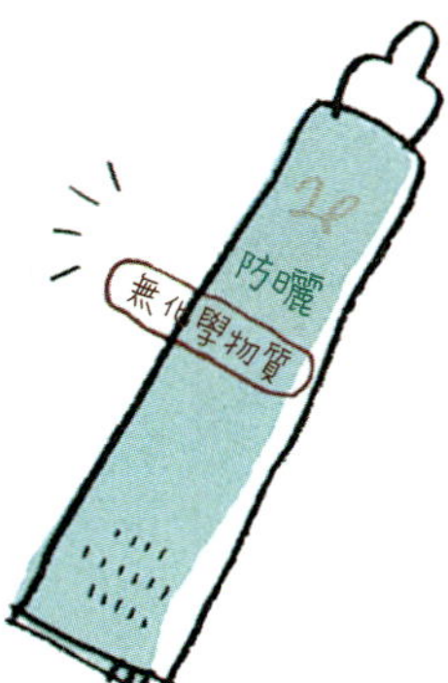

無化學添加的防曬品

無化學添加的防曬品中通常含有類似白色粉末的物質，因此塗在臉上時會出現白屑狀的粉末，較不雅觀。然而近年來隨著科技的進步，已經能夠達到微粒子化的程度，這項缺點也慢慢獲得改善。除此之外，以前無化學添加物的防曬，其防曬係數最多也不到SPF20，而現在也能找到防曬係數高達SPF50且不會浮出白屑的商品了。無化學添加的防曬一般含有氧化鋅以及氧化鈦，這類屬於金屬氧化物的白色粉末，再以矽力光塗布的方式均勻塗抹於肌膚表面，最近甚至已經開發出「粉末不會直接接觸到肌膚」的新技術。無化學添加物的物理性防曬不會刺激肌膚，清爽無負擔。

具有防曬效果的成份

防曬品中具有防曬效果的添加物成份，大致可分為：紫外線吸收劑以及散亂劑兩大類型。

●紫外線吸收劑

如字面上之涵義，一種吸收紫外線的化學物質。當吸收紫外線時，會在肌膚上產生化學變化，造成肌膚刺激。其中較具代表性的成份如下：

○紫外線A波（UVA）吸收劑…Avobenzone Parsol 1789（亞佛苯酮）、Mexoryl SX（麥素寧強效濾光環）等。

○紫外線B波（UVB）吸收劑…桂皮酸鹽、oxybenzone（二苯加酮－3）等。過去曾經非常流行使用PABA★這種物質，但最近已經極為少見。

●紫外線散亂劑

具有將肌膚上的紫外線彈射出去的作用。經常使用金屬氧化粉末、或微黏土性的粉末作為散亂劑使用。

其中較具代表性的成份有：氧化鈦、氧化鋅、氧化鈰、高嶺土（陶土）、滑石粉(Talc)…等。

這些物質會在肌膚上形成一層如鏡子般的薄膜，將紫外線反彈回去。共同特徵為：不會產生化學變化，因此對肌膚較為溫和。

唯一的缺點是，如果塗抹太厚的話很容易造成粉感過重的情況。且粉末具有吸收皮脂的作用，會使肌膚變得乾燥。

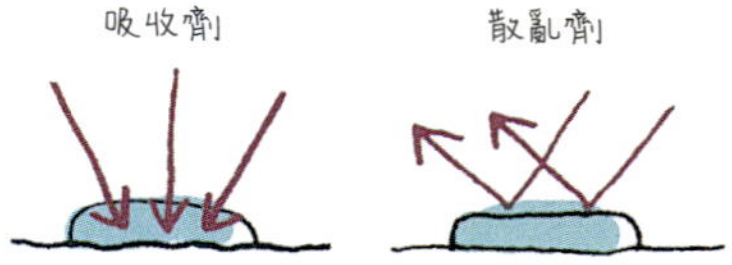

★PABA

在過去70～80年代時，經常添加PABA作為防曬產品的主成分。但是尤其在夏天，使用了添加PABA物質的防曬品，非常容易引發過敏反應。因此造成大眾對於防曬品產生「危害肌膚」的刻板印象，到現在為止，依然有一部分的人仍舊保有這種觀念。然而，經過長期的改良，現在的防曬品已經不能同昔日而語，市面上早就出現對肌膚非常溫和的產品。所謂的PABA，英文全名為Para-aminobenzoic Acid，中文意思為對胺基安息香酸。可說是防曬成份最原始的物質，主要作為UVB吸收劑用途，在70～80年代廣泛流傳於日本至歐美各國之間。但由於PABA過敏反應發生的比例太高，90年代之後幾乎已經不再使用。

頰骨上重複塗抹防曬品

塗抹量不足，會降低防曬效果

防曬品的防曬效果，不僅是取決於ＳＰＦ值及ＰＡ值，亦會隨著塗抹量多寡而產生變化。塗抹量過少時，當然會造成效果不彰的結果。就算是塗抹ＳＰＦ20的產品，但由於使用量不足，最後可能只達到ＳＰＦ10左右的成效。

防曬品的ＳＰＦ值是在人類背部做實驗所得到的測定值。當時的使用量約為一平方公分2毫克的程度。也就是說，現今防曬品上所標示的ＳＰＦ數值，是根據這樣的使用量所獲得的結果。

大家可能對於「一平方公分2毫克為多少？」缺乏概念，事實上大多數女性的使用量，幾乎只有它的1/4而已。

然而可能有人會認為「塗抹太多防曬品的話，肌膚很容易變得黏膩」。有這種困擾的人，不妨嘗試只在頰骨周圍加強塗抹吧！

這是因為紫外線所造成的斑點，大部分會從頰骨四周的位置開始出現。就算整體只塗上薄薄一層的防曬品，也務必在頰骨部份做重複塗抹的動作，如此一來也不會產生厚重感了呢。

塗抹防曬品後，務必重疊一層粉餅

粉餅具有阻斷紫外線的效果

想要徹底對抗紫外線，可於塗完防曬後再重疊一層粉餅，效果卓越。

即便不是以防曬效果作為主要訴求的粉餅，本身也一定具備防禦紫外線的作用。這是由於粉餅的色粉上，擁有一種類似紫外線散亂劑※成份的物質。如同接受雷射治療時，假如肌膚上有些許粉餅殘留，就會使雷射光反彈回去，失去效果。

如果只依賴防曬品多少會有不足的時候，可能還是會形成斑點。此時，可藉由重複塗抹上粉餅加強（或是蜜粉亦可）。另外，比起粉底液或粉底霜，使用粉餅對肌膚的傷害性比較低。因為粉底液或粉底霜上經常含有界面活性劑※※，會造成肌膚乾荒粗糙。

當然也有以防曬效果作為主要訴求的粉餅，但這種一般會添加進紫外線吸收劑※※※的成份，因此，倒不如說是一個普通的粉餅反而比較好，溫和不刺激肌膚。

※紫外線散亂劑（請參考P128）。

※※界面活性劑（請參考P54）。

※※※紫外線吸收劑（請參考P128）。

※※※※防曬化妝品的塗抹量（請參考P129）。

在家時，只塗抹粉餅就好

對於經常待在家中的主婦而言，因為沒有外出所以不需要化妝，但好像很多人有塗抹防曬的習慣，目的是為了預防斑點。然而，塗抹防曬品的話，還不如只塗抹粉餅，反倒較不易造成斑點呢！

實際觀察女性朋友們的肌膚後發現，習慣只塗抹防曬品而總是素顏的人，肌膚更容易出現斑點問題。這或許跟防曬品的塗抹量過少也有關係。

塗抹防曬後，需要卸妝嗎？

經常有人問我：「塗抹防曬時，是不是一定要卸妝呢？」當然，能夠卸除乾淨是比較好的，但是卸妝品往往會造成肌膚的負擔，這兩者之間其實很難取得一個平衡的位置。

一般而言，只要使用防水型（耐水性）的防曬，就一定必須卸妝。雖然最近有很多防曬品的包裝上，會出現「只用肥皂也能卸掉」、或是「請確實卸妝」的標語，但充其量也只能作為參考。

假設是到海邊玩好幾天的情況，因為每天都必須塗抹厚重的防曬，如果真要徹底的卸妝，肌膚肯定會變得相當乾燥。再加上此時身體的保濕很容易被忽略，導致手腕、雙腳等部位變得又乾又癢，難以忍受。這種情況下，不如只先做簡單的卸除，等到回家後再一次充分的確實卸妝會比較好吧！

到海邊或山區時，請塗抹ＳＰＦ50、ＰＡ＋＋＋的防曬品

為防止曬傷，特別講求阻絕紫外線的效果

夏天的海邊、或山區、滑雪場等地，由於這些場所的紫外線特別強烈，所以防曬工作更要做到滴水不漏。

因此，請選用防水型防曬乳、或防曬霜，ＳＰＦ50、或50＋，ＰＡ＋＋＋的產品，才能發揮絕佳無比的紫外線阻斷效果。雖然我比較建議使用不含紫外線吸收劑成份（無化學添加物）的防曬品，但是ＳＰＦ值越高的，通常不太可能做到不添加化學物質。若是這種情況，則不一定要限制於「無化學添加」的範圍。

肌膚脆弱的人，臉上可改用ＳＰＦ30的防曬品

當然，因為添加進化學物質所以防曬效果非常好，但同樣的，一定會帶給肌膚極大的負擔。可是，既然不是天天持續使用的話，即使稍微影響到肌膚，應該也很快就能治癒。

相反的，一旦肌膚出現斑點，就會變成無法挽回的後果。正因如此，在這種情況下我們必須以徹底防曬作為優先考量。

但是，如果是肌膚脆弱的人，唯有臉部可改用效果較弱的防曬品，更換成ＳＰＦ30左右的物理性防曬品。如果塗

ＳＰＦ30與50差別不大？

在此，以一般的情況而言，雖說去海邊時要使用ＳＰＦ５０的防曬品比較好，但事實上，如果以紫外線的遮斷率做測量的話，ＳＰＦ３０的防曬品與ＳＰＦ５０的防曬品之間，並無太大的差異。這是因為，基本上只要是ＳＰＦ３０以上的防曬品，都具有阻斷大半部份紫外線的功能。就如同是，假設紫外線遮斷率為95%及97%的話，要說是「差距不大」一點也不為過吧！然而，若是以紫外線穿透率，也就是沒有被阻斷的部份來看的話，5%與3%之間就會產生1.7倍的差距。因為這樣的差距，所以才必須將ＳＰＦ值以30或50做區分。因此，雖然ＳＰＦ３０、

上厚厚一層防曬，再加上粉餅的輔助，基本上就不會曬傷了！

厚厚的塗上防曬，並確實補擦

防曬品的效果會因塗抹量多寡而產生變化。因此，為防止斑點產生，請確實的塗抹上厚厚一層吧！

除此之外，維持厚度也是非常重要的一件事。當肌膚出汗或碰到水之後都會造成防曬品脫落，此時必須立刻重新補塗。例如從海裡出來時，擦乾肌膚上的水份，請立即重新塗抹防曬品。如果沒有做到充分補擦的動作，即使一開始有塗抹防曬品，最後也可能會出現曬傷的情況。

如果按照以上的方法，全身肌膚皆確實的塗抹厚厚一層防曬品，可能不到一天就需要用掉一瓶的量（以１００ml為標準）。

所謂「預防勝於治療」與其將錢花在淡化斑點的化妝品上，倒不如投資在防曬品還比較划得來吧！

40、50的標示看起來好像效果差異很大，但實際上防曬效果可以說是差不多的。

要到海邊或山區的兩週前開始，積極攝取維他命C

攝取的目的為「不易形成斑點」，而非「淡化斑點」

每個人都希望自己能夠「從骨子裡散發出美麗」吧！我發現在意斑點問題的人，通常會有攝取維他命C的習慣。然而，當斑點冒出來後再拼命吃維他命C企圖淡化的話，其實是徒勞無功的。

維他命C確實具有抑制酪胺酸脢(tyrosinase)※酵素活性的作用，然而從嘴巴吃進去的維他命濃度過低，不足以在肌膚中發揮效果。由於維他命C是身體各個部位皆需要的成份，往往在到達肌膚之前就會先被其他位置吸收光。更何況所謂的麥拉寧※※也是屬於人類不可或缺的要素之一，因此才會在體內製造生成，若堅持想要反其道而行，效果其實並不理想。

但是，維他命C具有良好的抗氧化能力，因此用來增強對紫外線的抵抗力可說是幫助很大。能夠去除體內因紫外線產生的活性氧，充分保護肌膚。

簡而言之，雖然它對於已生成的斑點沒有作用，但卻具備預防的效果。不妨在要到海邊的前兩週開始密集的攝取維他命C，應該可以達到不錯的斑點預防效果，而且確實是有這樣的案例呢！

※酪胺酸脢酵素（請參考P145）

※※**麥拉寧色素的作用**

麥拉寧色素具有吸收肌膚中紫外線的作用。就像是拉起一扇黑色的窗簾，阻斷紫外線進入皮膚底層。紫外線會傷害細胞的DNA，最後可能會產生致癌的有害物質，因此我們必須極力守護住肌膚，勿使紫外線到達真皮以下的位置，而此重責大任正是由麥拉寧色素全權掌握。

玫瑰果茶（Rosehip Tea）

取野玫瑰果的果實沖泡成茶（草本茶）。不含咖啡因且含有豐富的維他命C，相當適合用來防禦紫外線。

盡量避免營養保健食品，最好從蔬菜或茶中攝取

要攝取維他命，最簡單的方法莫過於吃營養保健食品。但是與天然食品相較之下，效果不能說是完全一樣。例如：攝取維他命B群的營養品時，會造成排出的尿液顏色變黃，但是不管你吃了多少蔬菜，尿液顏色也絕對不會變黃。事實上，仔細觀察患者的皮膚後會發現，如果肌膚問題是因蔬菜攝取不足而引起的肌膚粗糙，通常服用再多維他命錠也不見改善。但是，只要從飲食生活著手改善，肌膚就會出現巨大轉變。想要擁有真正的美肌，就不能一味的依賴營養保健品，立即重新審視自己的飲食習慣吧！

順帶一提，一片甘藍菜葉中的維他命C含量，就已足夠補充一天所需的維他命C量。

早上吃檸檬的話，會長出斑點？

某些食物中，含有一種提高紫外線感光性的「補骨脂素」(psoralen)物質。例如：檸檬、芹菜、綠藻…等蔬菜中皆含有此成份，屬感光食物。

當攝取補骨脂素之後，對太陽光會變得更加敏感，皮膚經紫外線照射後當然容易產生斑點。皮膚科中有一種特殊的紫外線照光療法，則會使用psoralen做輔助治療特定的疾病。以口服或塗抹psoralen藥物的方式來加強其作用，照射紫外線（即使相當微弱）後，方能達到療效。

由於檸檬中含有維他命C可發揮淡化斑點的效果，因此很多愛美人士經常利用檸檬美白，但檸檬同時會增加皮膚感光的特性，如果不小心在早上吃了檸檬，反而會長出更多斑點喔。但是psoralen物質在攝取後的數小時內就會被代謝出體外，晚上吃的話就不會有問題了！

生理期前比平常更需要做好防曬

「斑點」絕非單靠塗抹防曬品就能預防解決的，必須同時搭配良好的體內環境。只要擁有良好的體質，就能夠有效預防斑點…等各式各樣的肌膚問題。

懷孕期及生理期前，更容易形成斑點

生理期前這段時間，肌膚比平常更容易曬傷。主要是因為體內黃體激素※（progesterone）的感光性提高的緣故，懷孕期或喝了啤酒時也是如此。因此，此時更需要做好萬全的準備對抗紫外線。特別是如果持續不規律的生活而導致荷爾蒙失調的情況下，會加劇斑點的形成喔。

除此之外，壓力過大時會造成促腎上腺皮質激素（ACTH）的分泌旺盛，加速促進麥拉寧的製造。而壓力也會造成活性氧大量增加，是美肌的頭號敵人。

※**黃體激素**

黃體激素（progesterone）為排卵之後，由卵泡所進化成的黃體所製造分泌。斑點、痘痘問題的產生皆與黃體素有很密切的關係。除此之外，經前症候群（PMS）以及所謂的月經前緊張症（症狀如：頭痛、肩膀酸痛、焦慮…等生理期前的身體不適）皆是受到黃體激素的影響。

經常攝取多酚類及維生素，具有抗氧化作用

「抗氧化物質」可幫助消除因紫外線生成的活性氧

雖說紫外線會對皮膚造成危害，但人類的宿命卻必須依賴著太陽而生存。因此，我們體內原本就具備一種防護紫外線的本能。

角質層※即是其一。即使我們俯躺著做日光浴，腳底板也不會因此起水泡或曬傷，這是由於厚重的角質層阻擋住大部分的紫外線。但另一方面，卻會因為乾燥⋯等問題而使角質層防禦機能※※遭到破壞，變得很容易形成斑點。

我們人體的皮膚中存在著犬尿酸(Urocanic-acid)及谷胱甘肽(glutathione)⋯等「抗氧化物質」，可以幫助消除因照射紫外線而增生的活性氧氣。然而，這類體內原有的抗氧化物質卻會隨著年齡增長而慢慢遞減，因此，我們必須透過食物中取得，補充身體足夠的抗氧化物質。而含有維生素或多酚類的食物，正是最佳的抗氧化食材。

攝取含有抗氧化物質的食物，預防紫外線及老化

植物必須從太陽吸收能量，經由光合作用製造養分才能生存下去。因此，植物細胞中當然也具備著極佳的紫外線防護功能。

※角質層（請參考P19）

※※角質防禦機能（請參考P24）

承蒙植物的恩惠，人類可透過飲食攝取的方式，獲得蔬菜、水果中的養分。最近人們陸陸續續的發現，許多植物中皆含有抗氧化物質。而維生素A、C、E中也含有效果極佳的抗氧化力；多酚類中的兒茶素(catechin)、類黃酮(flavonoid)、木質酚(lignans)、大豆異黃酮素(Isoflavone)全都是優良的抗氧化物質。透過飲食積極攝取這類食物，不僅是防禦紫外線，甚至可達到預防老化的作用。

主要的抗氧化物質及其食品

【維生素類】

- **維生素A**
  黃綠色蔬菜（請參考P36）
- **維生素C**
  黃綠色蔬菜、淺色蔬菜（請參考P36）
- **維生素E**
  玄米、胚芽米、全麥麵包、植物油（大豆油、芝麻油、橄欖油）、大豆、花生

【多酚類】

- **兒茶素**
  綠茶、可可亞豆
- **大豆異黃酮**
  大豆胚芽
- **木質素**
  芝麻
- **其他（包含類黃酮）**
  紅酒、可可亞、蕎麥麵、洋蔥皮、柑橘類的果皮

【類胡蘿蔔色素】

- **茄紅素**
  柳橙、蕃茄、紅蘿蔔、鳳梨

認識斑點的種類

肌膚上的色塊，呈現褐色或黑色

所謂斑點一詞其實並非醫學名詞，且沒有確切的定義。一般我們所說的斑點，泛指在臉上形成的茶褐色塊狀物。大約等同於皮膚科醫學上所說的痣、疣，因此也有人會將疣痣歸類為「斑點」的一種。

總而言之，只要是「與正常膚色的顏色不同，另外衍生出的色塊（主要為褐色或黑色），影響美觀」的生成物，皆稱之為「斑點」。然而，若是以醫學角度來看，大致可將其區分為六大類型。（請參考P142～143）

首先，開始檢查自己臉上的斑點屬於何種類型吧！但是，不小心也可能會有將痣、胎記、病毒性疣誤判為斑點的情況，因此當無法自行判別時，還是找皮膚科醫師代勞吧！

除痣

一般皮膚科美容會利用二氧化碳雷射治療法，去除皮膚上的痣。效果好且不易留疤。手術風險雖低，但如果施術者技巧不佳的話，很可能會造成術後凹陷的情況。除此之外，身體上的痣很難以雷射的方式清除乾淨，通常會改用切除的方式除痣。

無法以美白保養去除的斑點

美白成份並非萬能 及早使用，及早預防

斑點中，還可分成：能用美白保養品淡化的斑點、以及無法淡化的斑點兩種。能用美白保養品淡化的斑點為：老人性色素斑（初期）、發炎性色素沈澱、肝斑※。

一般女性最常見的斑點類型通常是屬於老人性色素斑，然而關於這個部份，美白成份僅對極為初期的，淡到快看不見的淺斑才能發揮效果※※。當發現「斑點冒出來了！」之後再使用美白產品，效果非常有限，所以往往很多人等不到效果出現，就認為「這個美白一點效果也沒有」，而輕易放棄了。

但是，其實不能說是美白保養品沒有效果，只要方法正確且持之以恆，就一定會產生效果。

美白保養品是以「預防為目的」而使用，一定要先有這樣的正確觀念。臉上出現老人斑的年齡因人而異，但大概都是在40歲左右時浮現，任何人都躲不過。只是，我們不能等到斑點已經出現之後才要保養，應該盡早使用美白保養品，大約從30歲後開始最為理想。

既然是以預防為主要目的，那麼就必須針對全臉做美白保養，而非單就某個部位加強美白。因此，選擇一個能夠每天持續使用的美白產品是非常重要的※※※。

※斑點的種類（請參考P142～143）。

※※**老人性色斑與美白成份**
老人斑形成的原因為麥拉寧色素分泌過剩，及表皮組織變化所造成的結果。以顯微鏡實際觀察老人斑的細微變化，可發現許多因日光照射產生病變的表皮細胞組織。如果再繼續照射紫外線的話，也有可能會引發腫瘤。而美白成份只具有抑制麥拉寧色素分泌的作用，當然無法使病變的表皮細胞恢復原狀，因此美白成份對於老人斑的效果有限。

※※※美白產品的挑選方式（請參考P148）

斑點的種類

① 老人性色素斑

定義

「斑點」的種類之中，大多數都是屬於老人性色素斑，亦被稱作曬斑（Solar Lentigo），因長期照射紫外線所引起的。主要出現於頰骨較高的位置，大小約為1公分的圓形色素斑，初期多呈表淺的淡褐色，但顏色會慢慢加深。隨著時間經過外表會粗糙隆起，或演變成②的脂漏性角化症。

治療方法

雷射可說是目前去除色素斑最有效的方法。如果是極為初期的表淺色素，使用美白保養品應該就能有效改善。（請參考P141）

② 脂漏性角化症

定義

由①的老人色素斑病變而成，皮膚上如疣狀的隆起物。仔細觀察後發現，脂漏性角化的斑點表面粗糙凸起，且厚度較深。有一些出現在指甲上的褐色斑點，大多也屬於同一類型。

治療方法

只能使用雷射去除。

③ 雀卵斑（雀斑）

定義

雀斑又稱雀卵斑，由於如同麻雀卵殼上的小斑點，故而得名。但嚴格來說雀斑與遺傳基因有深切關係。約從10幾歲開始出現微小褐色雀斑，並以鼻子為中心慢慢擴散開來（多長在鼻子附近，但原因與①不同）。仔細觀察後發現，每個斑點幾乎都是呈現三角或四角形。這種症狀以白種人居多，而日本人中皮膚白的人比較容易長雀斑。

治療方法

以雷射治療即可清除乾淨，使用美白保養品效果不彰。

④ 發炎性色素沉澱

定義

通常為痘疤或傷疤所殘留下的褐色斑點。這與被昆蟲叮咬後所留下的暫時性斑點並不相同。其他例如：除毛後毛孔四周的顏色加深，則屬於發炎性色素沉澱的一種，即是由於強行拔除所引起的毛孔發炎症狀。很多人都會擔心一旦形成發炎性色素沉澱，就會「留下疤痕」，其實基本上只要有足夠的耐心，沈澱的色素會慢慢淡去。但是，這個過程可能需要花費2～3年，且如果這段時間沒有做好防曬工作的話，可能永遠都無法消退。

治療方法

為了及早消除斑點，可利用果酸去角質的方式幫助代謝。另外，若搭配美白產品一起使用，效果更佳。

⑤ 肝斑

定義

通常長在兩頰左右對稱的位置上，呈現整片灰灰暗暗的褐色。臉部的鼻子下方、額頭部份也有可能會出現肝斑。雖然名稱上有個肝字，但和肝臟毫無關係，為女性荷爾蒙失調所致（好發於女性身上，男性病例極少）。尤其是懷孕中、喝啤酒時、或更年期婦女的身上經常出現。

治療方法

不適合做雷射，可以口服或注射傳明酸（請參考P146）藥物數個月治療，有助於淡化斑點。另外，使用果酸、或美白產品也有不錯的效果，搭配口服藥雙管齊下，效果更加明顯。

⑥ 花瓣狀色素斑

定義

到海邊時，肌膚經過陽光大量照射後從肩膀至背部會出現許多微小的斑點，仔細觀察會發現斑點呈現有如花瓣的形狀。

治療方法

採用雷射治療的方式較為保險，其他方法應該很難去除。

●雷射

雷射為發射單一波長光線的機器。所謂的雷射光線是屬於電磁波的一種，並依照其波長的不同，在人體中發揮各式各樣的作用。與一般電燈泡的光、太陽光這種連續波長的混合光不同，雷射為使用專門發光源，製造釋放單一波長之光線。為了因應各種不同的波長需求，已開發出許多不同類型的雷射發光源，即可廣泛運用於除斑、除毛、牙齒美容、眼科、麻醉科…等不同的領域。

購買時應選擇「添加美白成份配方」的產品，而非「用了好像會變白」的產品

想要淡化斑點，「美白成份」是不可或缺的要素

要從眾多美白化妝品中挑選出一樣自己需要的商品，真的不是一件簡單的事。雖然使用後的感覺、價格也很重要，但比起這些更重要的事情是：「是否有添加美白成份」。看似理所當然的一句話，然而其中卻不乏許多是根本不含充足的美白成份，卻在包裝冠上「美白〇〇」的名稱，偽裝成美白化妝品般大肆販賣的商品。

「雖然不太清楚裡面的成份，但看起來好像可以變白」，好像有不少人都會抱持這種心態，但真正使用後可能也看不出實質效果，請特別注意※！

美白成份具有抑制麥拉寧色素分泌的作用

所謂的美白成份，到底是什麼樣的東西呢？

能夠抑制麥拉寧黑色素在肌膚中生成和反應的即為美白成份。不妨試著將它想成是體內有一座麥拉寧色素的製造工廠，而「美白成份」會突然在某個生產環節中喊卡，停止整個生產線的運作。至於要在哪個環節中發生作用呢？

主要可將美白成份區分為下列幾項作用。

※外塗的美白醫療品外包裝上通常會標示出所添加的美白成份項目，如果沒有清楚標示出的情況下，可查看內容物的產品標示，確認該產品是否真的有添加美白成份。

●抑制酪胺酸脢酵素活化…

阻礙酪胺酸脢酵素的活性（請參考左下角插圖）。現在一般市面上所販售的美白化妝品大部分皆具有此作用。

●阻斷內皮素的作用…

抑制肌膚中的「內皮素」傳遞「製造黑色素」之訊息（請參考左下角插圖）。

●抑制前列腺素的生成…

抑制表皮傳達物質「前列腺素」的形成，阻礙其傳遞製造麥拉寧黑色素訊息。

●其他…

防止麥拉寧黑色素在製造時對DNA細胞發揮作用、或抑制酪胺酸脢酵素自行活化…等效果的美白成份，至今仍不斷開發中。

如上所述，美白成份能夠有效抑制麥拉寧黑色素的生成。然而目前為止尚未發現任何能夠分解肌膚上的麥拉寧黑色素的物質。因此，與其等到斑點已經形成後才想要消滅它，不如從現在開始積極預防斑點，絕對是愛美女性當前的重要課題。

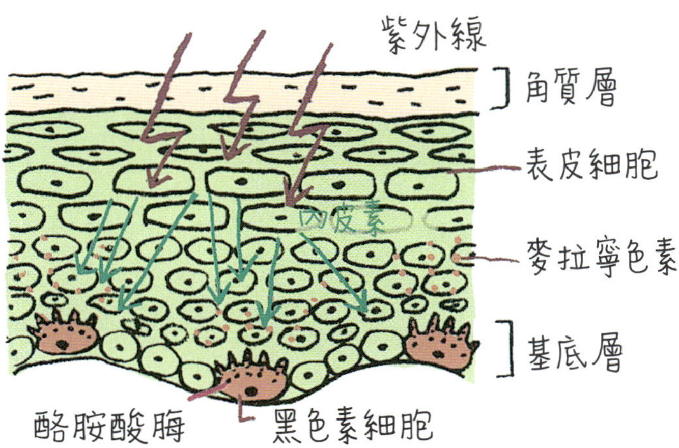

麥拉寧色素的生成

①當紫外線照射到表皮細胞時，會促進表皮細胞分泌出內皮素（簡稱：ET）之訊息傳遞物質。

②內皮素傳達至黑色素細胞後，會在黑色素細胞中製造出麥拉寧色素。同時，提高酪胺酸脢酵素的活性。

③黑色素細胞分泌出麥拉寧色素。

④被分泌出的麥拉寧色素，進入表皮細胞中。

在肌膚上試用後，選擇適合自己的美白成份

熊果素、油溶性甘草精華…等，美白成份也包括許多不同的種類。其中經衛生署核准認可，可作為外塗醫療藥物使用的目前有九項※。

即使是未經審核通過的成份，也可能被添加進化妝品中使用。另外還包括許多廠商獨立開發的成份，皆可任意在市場上流竄！最後這些不明的美白成份全都會被添加在美白保養品中，經過包裝後製成商品販賣。

我們很難從中判斷出哪些有效、或是哪些具有很強的作用，每個人膚質皆不相同，當然效果也會因人而異。更何況，適不適合自己的肌膚也是個大問題，不合用時也可能會出現過敏症狀。因此，一定要自己親身試用過後再購買會比較恰當。值得一提的是，醫學美容診所經常使用的成份為：維他命C誘導體、洋甘菊ET、油溶性甘草精華。

似乎也有人認為「美白」應該具備能夠將「任何東西漂白」的作用，這是相當錯誤的觀念。美白成份的主要功用為抑制麥拉寧色素的生成，因此對於膚色偏黃、痘疤紅紅的痕跡…等非麥拉寧色素引起的顏色不均，無法發揮美白效果。

※本書的9項成份是依據日本衛生署公布，台灣民眾欲查找最新資訊，可上台灣衛生署網站。

★**胎盤精華**　自動物胎盤中提取出的胎盤精華。過去以牛隻的胎盤作為原料，但自從發生BSE（狂牛症）的問題後則改用豬的胎盤。具有保濕及美白的效果。市場上也有製成胎盤精華的營養補給品，有此一說：「自胎盤中提取的精華，具有返老還童的神奇功效」，但至今尚未得到醫學上的證實。再者，醫院內所注射的胎盤精華為取自人體的胎盤，與此是完全屬於不同的東西。持續注射的話可發揮驚人美白效果。

★★**傳明酸**　原本作為凝血劑或消炎劑（抑制消炎的藥物）使用，但在醫學美容診所會使用它治療肝斑。具有抑制黑色素細胞形成樹枝狀突起的作用，同樣對於樹枝狀突起的肝斑也有非常良好的療效。但是，並非對於所有斑點皆有淡化效果，也可能對於某種類型的肝斑毫無作用，不應任意濫用。特別是有靜脈栓塞、血栓病史者，禁止使用。

美白成份類型

A 經日本衛生署審核認可之成份※

❶**熊果素…**源自越橘科植物熊果葉中萃取出的成份。（抑制酪胺酸脢活性）

❷**鞣花酸…**源自草莓中萃取出的成份。（抑制酪胺酸脢活性）

❸**Rucinol…**源自北歐冷杉植物中萃取出雷瑣酚成分的衍生物。（抑制酪胺酸脢活性）

❹**維他命C誘導體…**將水溶性維他命C磷酸脂化，轉換成容易被肌膚吸收進去的維他命C誘導體。具有抗氧化作用，且能幫助預防老化、抑制痘痘發炎症狀。（抑制酪胺酸脢活性）

❺**胎盤精華**★**…**從豬胎盤中提取出的成份。（抑制酪胺酸脢活性）（請參考P146）

❻**洋甘菊ET…**源自洋甘菊中萃取出的成份。兼具抗發炎效果。（阻礙內皮素之訊息傳遞作用）

❼**傳明酸**★★**…**（抑制前列腺素E2（PGE2）、以及酪胺酸脢生成的作用）（請參考P146）

❽**t-AMCHA（t-氨基酸誘導體cyclo-amino acid）…**（抑制前列腺素）

❾**亞麻油酸…**從紅花油等植物油中提取出的物質。（減低酪胺酸脢之數量）

只要含有以上九種成份中的任一項在內，則屬通過衛生署認證之外用美白醫藥品。也就是說，此商品以「美白效果」為主要訴求。（衛生署規定，非藥物不得為醫療效能標示或誇大宣傳，化粧品廣告須注意勿超出一般化粧品用途範圍，但如果歸類為「外用醫藥品」則屬於藥品療效。然而，使用效能說明書的表現方法相當受限，大多只能註明「預防因紫外線照射之斑點・雀斑」，以防範標示或宣傳超過實際效能，誤導消費者。）

B 其他美白成份

●**油溶性甘草精華（甘草黃酮）…**自漢方植物甘草中萃取出的成份。具有強效抗過敏、抗發炎作用，尤其適合脆弱肌膚的人使用。（抑制酪胺酸脢活性）

●**對苯二酚…**

過去在歐美各國經常使用此成份，然而由於它對皮膚刺激性很強，因此長期以來日本都禁止在保養品中添加對苯二酚。而近來隨著制度鬆綁，日本也開始使用對苯二酚添加進保養品。一旦濃度比例過高，很容易產生刺激性。（抑制酪胺酸脢活性）

其他如：火棘精華、薑科植物萃取精華…等，亦屬於美白成份的一種。

採用美白精華液、或美白乳霜

每天持之以恆的使用精華液或乳霜保養

美白化妝品不僅只有化妝水、乳霜，其他尚有如：面膜、集中修護型（局部使用）的產品，甚至是以美白為主要訴求的洗顏皂、粉底…等，各式各樣的型態。究竟這些產品之間有什麼樣的差異性呢？

基本上所謂的化妝品，皆是「成份」比「型態」更重要。如果沒有添加美白成份（請參考P147），就沒有資格稱作美白化妝品。首先，購買前請確認是否真的有添加美白成份在裡面吧！一般的情況下，精華液及乳霜中所含的美白成份濃度，遠比化妝水中的濃度比例要高上許多。

雖然美白面膜裡含有許多美白有效成份，但相對的它價格偏高，大概只能偶爾使用一次吧！這樣的話，倒不如每天持之以恆的使用精華液，不但符合經濟成本，效果也非常好。

不能抱持著「順便美白」的心態，養成每天使用美白精華液的習慣

雖然局部塗抹型的美白精華產品，好像給人「效果很強」的感覺，但是美白產品除了要消除已生成的斑點，更重要的目的在於「預防」斑點生成，因此比

起局部美白，每天應該都要全臉均勻的使用美白產品保養！

市面上有一種將美白成份添加在洗臉產品中，號稱洗了可以美白的洗顏皂，但其實一用水沖掉後美白成份也會立即流失，根本毫無意義。據說還有添加維他命C成份的洗顏皂※，但這些都完全無法被肌膚吸收，最終也是徒勞無功。

另外，如：粉底、隔離…等產品也經常以添加美白效果為主要訴求，但事實上這些產品原本就不是以美白為目的而被製造出來的東西，頂多只能算是「順便也兼具美白成份」，若仔細考慮到美白成份的安定性、滲透性…等問題，應該不難察覺「順便美白」的可能性似乎很低。說到底，原本就是以美白目的為主所被製造出來的精華液、乳霜這類產品，會是我們最明智的選擇。

購買前請先索取試用包，親身試用後感到舒適、且肌膚觸感良好，再做決定。雖然有些美白產品要價不凡，但購買時最好也不要超出預算，選擇自己能夠接受的價格會比較好吧！但是一分錢一分貨，如果商品本身真的便宜過頭了，可能效果也只值那個價錢喔。

※具有美白效果的肥皂

若肥皂中添加果酸去角質的成份，則可提高肌膚更新週期的速度。隨著肌膚更新速度加快，連帶促進麥拉寧色素的代謝作用，因此也可說是具有美白效果吧！

促進血液循環的穴道

塗抹精華液、化妝水時，可一邊按壓特定穴位，藉由刺激穴道來促進血液循環、活化新陳代謝功能。此外，亦可達到抗老化的效果。

●**百會穴**…位於頭頂正中央，鼻子前端直線延伸至頭上，與耳尖（耳朵向前對摺）連線的交點處。眾多經脈交會處，故稱為百會，是重要穴位之一，可治百病。特別是對於舒緩頭痛、促進血循的效果極佳，具有活化肌膚的作用。

●**頰車穴**…位於下頷角與耳垂下方，嘴巴張開時會出現凹陷的位置。預防及改善臉部鬆弛。

●**魚腰穴**…位於眉毛中點的凹陷處。預防及改善眼周小細紋、鬆弛現象。

●**球後穴**…位於下眼眶外側4分之1處，骨頭凹陷的位置。預防及改善眼周小細紋、鬆弛現象。

果酸換膚，幫助提高美白效果

對付發炎性的色素沈澱，以果酸換膚做急救調理

果酸成份同時也具有「美白」效果。

相較於一般的美白成份作用在於妨礙肌膚中麥拉寧色素的生成，果酸換膚的主要功效則是幫助將已生成的黑色素排出體外。人體體內不需要的麥拉寧色素必須隨著肌膚的更新週期才能將之排出體外，而果酸換膚具有提高肌膚更新速度的效果，可助一臂之力。特別是用於痘疤形成的發炎性色素沈澱型斑點※，效果最明顯。

除此之外，果酸搭配美白成份一起使用的話，可發揮相乘效果。去除多餘的老廢角質後，美白成份會更容易滲透進肌膚裡層。尤其是身體上的斑點非常難消除（如：除毛造成的疹子、蟲咬的痕跡…等斑點），記得也要定期做果酸去角質才行。

果酸洗顏皂的使用方法

1 全臉沾濕後，將果酸洗顏皂充分起泡。

2 將泡泡覆蓋於全臉肌膚，一面輕輕地按摩，最後以溫水沖洗乾淨。

※發炎性色素沈澱（請參考P143）

果酸換膚真的是既「危險」又「傷害肌膚」的行為嗎？

有很多人認為「果酸換膚」就像是「在剝掉皮膚的皮，很危險」、「肌膚脆弱的人最好不要嘗試」，事實上並非如此。

所謂的果酸換膚是經皮膚科學會公認的美容治療方法，能有效治療痘痘、細紋、斑點問題。現在約有3成比例的皮膚科也採用去果酸換膚治療惱人的皮膚問題。

社會大眾之所以對果酸換膚抱持著「很危險」的觀感，大概與果酸換膚開始普及化之時，卻在許多美容沙龍機構中發生多起問題事件的影響有關。

確實在當時由於某些美容中心對於果酸換膚的知識嚴重不足，未經指示任意操作的結果，導致發生許多類似肌膚灼傷的事件。★但是現在已經明文禁止在美容沙龍機構進行果酸換膚，而醫療院所則必須按照皮膚科學會所發表的果酸換膚相關規章進行操作，因此現在的果酸換膚已經可說是極為安全、且治療效果相當卓越。

★ 美容沙龍機構的果酸換膚問題事件

可能是因為當時對於美容沙龍機構的控管法律並不健全，因此導致類似的問題不斷發生。就連美髮美容師都必須取得國家資格才能從業，而做臉的美容沙龍中心卻不具備相關的資格規定，實在是非常奇怪的一件事。而且這些美容中心一般不包含在健保給付範圍內，衛生上（傳染肝炎…等）的問題也是層出不窮。

美國政府則有明確條文規範，美國境內的美容中心在進行果酸換膚療程時，嚴格限制濃度使用範圍，故不曾發生過問題。因此民眾不斷發聲希望政府也能夠立法管制。然而，現在才要開始約束全國的美容中心必須依法規執業的話，可說是困難重重。

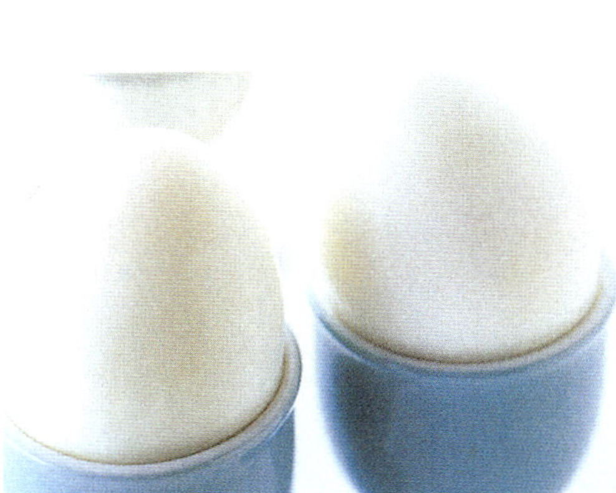

皺紋有兩種類型：能用保濕成份撫平改善的、以及無法單用保濕就能解決的皺紋

表淺皺紋、表情皺紋、深層皺紋

皺紋可大致分為三種類。①**表淺皺紋**②**表情皺紋**③**深層皺紋**

①的部份，通常為眼睛周圍的細淺皺紋，亦稱為小細紋。主要是由於表皮乾燥缺水所引起的現象，只要適當給予肌膚滋潤即可恢復。

②的部份，是由於臉部的各種表情肌肉在做表情時，肌肉收縮和牽扯所造成的紋路。當面無表情時，外觀可能看不出皺紋痕跡，但是隨著年月累積下來，這些表情紋會逐漸加深加粗，變得非常明顯，最後形成③的真皮層深刻皺紋。

最後，一般俗稱的皺紋大多指的就是③的深層皺紋。因為當我們發現自己「長出皺紋」時，通常已經到達這個階段了。

膠原蛋白變質引起的深層皺紋

深層皺紋，主要是由於真皮中的膠原纖維發生變質所造成的。膠原蛋白纖維失去彈性，使得真皮層對表皮的支撐力變差，慢慢的即使當你放鬆臉部表情，臉上的表情紋卻依然屹立不搖，且有日益明顯的趨勢，最後形成深刻皺紋。衣服也是一樣，彈性纖維材質的衣服不容

表淺皺紋會變成深層皺紋嗎？

可能有人會以為「表淺皺紋持續發展下去的話，會變成深層皺紋」，但實際上並非如此。不管如何演變，都與深層皺紋之間完全分屬不同性質的東西。就如同我們經常可以在小孩子身上看到表淺皺紋的現象，且遇到冬天會變得更加明顯，但即使如此，我們也不曾看過哪個小學生的肌膚是皺巴巴、或有轉變成真皮皺紋的現象吧！總而言之，表淺皺紋的主因是乾燥引起的，到了夏天就會自動恢復原狀。

※彈力纖維（請參考P20）

※※防禦紫外線（請參考P114～137）

易皺，但如果是麻質的衣物，只要稍微坐下立刻就會變得皺巴巴的，與皮膚的原理相同。那麼，為什麼膠原蛋白會產生變質呢？最主要的原因有兩個：紫外線傷害與年齡增長。

照射過多紫外線，會造成膠原纖維乾硬變質。此外，會促使分解膠原蛋白的酵素產生作用，因而減少膠原纖維的數量。結果不僅皮膚失去彈性，真皮層也越來越薄，肌膚更加容易形成皺紋。

在自然老化的過程中，年紀一過40歲之後，膠原蛋白的分泌量原本就會慢慢減少，如果再加上彈性纖維※斷裂、與膠原蛋白的排列不規則，使皮膚的支撐架構遭到破壞瓦解，最後皮膚就會失去彈性，逐漸塌陷。為了減緩真皮層皺紋的發生速度，因此我們必須要提早（年紀較輕時）開始徹底防禦紫外線※※，對抗老※※※化（預防老化）。（抗老化的方法請參考P108～113、138～139）

化妝品中的膠原蛋白

請將化妝品中所含的膠原蛋白，想成是保濕成份。如果作為保濕成份的話，由於膠原蛋白對於肌膚的滲透性極佳，保濕的功能可說是表現優異，然而非常遺憾的，如果要用它來填補真皮層的膠原蛋白，則完全不具任何作用。由於膠原蛋白屬於大分子的物質，是絕對無法滲透到真皮層中的。雖然現在一直朝向開發小分子膠原蛋白的方向邁進，假設真的能夠滲透進去的話，但最終也不是屬於自體的膠原蛋白，因此很難保存於真皮層內。即使藉由注射（請參考P159）將膠原蛋白打入真皮層中，但由於不屬於自體產生的物質，最終還是無法被肌膚吸收，只會慢慢的被身體消耗代謝掉。更何況是化妝品中的膠原蛋白，簡直是難上加難。

人體會自動排斥不屬於自體蛋白質的「異類蛋白質」。就如同器官移植的道理，不也是常有排斥現象產生嗎？

而且，化妝品中所使用的膠原蛋白大多是取自魚類的骨頭、魚皮所製成★，我們連同樣身為人類之間的移植就如此困難了，更遑論要將這些吸收進人體，並期待它能夠發揮膠原蛋白的機能…？實在是難以想像。

★過去也曾經從牛的骨頭中萃取出膠原蛋白，但自從發生BSE（狂牛症）問題後，就不再使用牛隻做原料。

臉部運動有時反而會加速皺紋惡化

鍛鍊肌肉時避免拉扯到皮膚

之前常有人提倡做臉部運動（面部體操），號稱可有效預防皺紋。但我認為它恐怕只對於肌肉鬆弛型的肌膚問題有效，對於改善皺紋反而會有反效果。

說到底，「皺紋」應屬皮膚上的問題，而非肌肉問題。肌肉上有脂肪層包覆，且皮膚具有彈性，因此即使我們鍛鍊肌肉，也不會使皮膚獲得伸展。就好像是我們去慢跑，但卻不會因為做了這個運動而使腳的肌膚彈性增加，相同的道理，臉也是一樣。

臉部皺紋原本就是表情紋所造成的結果，如果再加上做臉部運動，大量增加表情的變化，可能會因此產生更多不必要的皺紋。說到表情，大家應該都知道吧！

歐美人非常喜歡使用如同臉部運動般的誇張表情，習慣以豐富的表情傳達情緒，結果造成皺紋像刻出來似的顯現在臉上。姑且先不論面無表情到底是好是壞，總之皺紋的原理就是如此。

拉扯肌膚藉以伸展皺紋，只會造成反效果

除此之外，很多人會習慣性的拉扯肌膚試圖想要將皺紋伸展開來，但是皮膚又不像裙子上的皺褶，只要拉一拉就會

※抗老化（請參考P108～113、138～139）

※※**脈衝光美顏術（Photo Facial）**

光照療法的一種。嚴格來說脈衝光不算是雷射，它涵蓋的波長範圍較廣，是一種溫和、混合的光速。光照療法的種類繁多，有藍光、紅光、紅外線…等不同的照光機器，可用來治療青春痘、斑點、恢復肌膚年輕活力，與雷射分屬不同的療效，近幾年來開始受到廣大矚目。

恢復原狀，過度拉扯肌膚的皺紋，反而會導致狀況更加惡化。

大笑過後眼角會出現皺紋，且粉底會脫妝，一般人在這種情況下一定會想要去抹掉眼角的粉底、或用手撫平皺紋，當下我們確實可能會產生皺紋被伸展開的錯覺。然而，越是拉扯已經失去彈力的膠原蛋白，只會越加重肌膚的傷害。最後，皺紋不但沒有消失，還不斷加深、面積越來越廣。

還有，不經意的搓揉臉部肌膚、或繃緊眼睛周圍的皮膚，這些行為與上述的道理一樣，最好還是改掉這種壞習慣。

為預防皺紋，保養應體內及體外兼備

常常聽人家說：臉朝下時很容易形成皺紋，因此最好要保持向上抬的姿勢。然而不僅如此，可能還會造成皮膚鬆弛下垂、失去彈性，最後無法抵擋重力作用，使臉部更顯老態。就如同頭髮的道理，髮質充滿彈性的人，頭髮會抵抗重力影響，呈現蓬鬆飄逸質感；但如果是失去彈性的髮質，不管再怎麼往上造型，最後還是會下垂倒塌。相同的，硬是要將失去彈力的皮膚往上拉提，其實是不具任何意義的。有人說：塗抹保養品時要由下往上，皮膚就會不斷往上拉提…，但以科學的角度來看，這種說法根本是毫無根據，可能是心理作用大於實質作用。

想要找回皮膚失去的彈性，就要維持真皮層中的纖維（膠原蛋白及彈力蛋白）處於健康狀態，因此保養最重要的是必須身體內外同時兼具，才是預防皺紋最有效的捷徑※。另外，到美容皮膚科做脈衝光※※治療，也可大幅提昇改善皺紋的效果喔。

本來在笑的時候才會出現的眼角皺紋，如果某天發現在不笑的時候也能清楚看到時，代表著它已經轉變成真皮層的深刻皺紋了！

對於「鬆弛毛孔」「眼袋」「雙下巴」「法令紋」，須加強預防鬆弛保養

鬆弛大致上可分為四種類型

鬆弛與皺紋一樣，都是由於膠原蛋白變質所產生的。當膠原蛋白失去彈性後，變得無法抵抗重力作用，慢慢的鬆垮下垂。而鬆弛的形成因素、保養方法皆與皺紋的原理非常相近，但依照各人膚質型態、臉型的不同，在肌膚中顯現出來的鬆弛現象也不同，但大致可列舉成左頁的四種類型。

你需要一瓶同時可預防鬆弛及皺紋的精華液

左頁所列出的各種鬆弛現象，在市面上皆可輕易找到專門對付它的產品，例如：對付鬆弛毛孔專用、黑眼圈專用……等各式商品，然而這些產品的效果有限，原理大致與前述保養品中膠原蛋白的作用相同。皺紋專用化妝品與鬆弛專用化妝品，照理說使用同一種產品即可。可選擇其中含有維他命C誘導體、維他命A、果酸成份的保養品，因為這些成份具有促進膠原蛋白增生的作用，準備一瓶同時對抗皺紋、鬆弛的精華液，每天養成保養的習慣。

鬆弛的類型

① 鬆弛毛孔

初期的鬆弛，主要是從兩頰出現毛孔粗大的現象時開始顯現出來。年輕時的肌膚，真皮層中充滿彈性十足的膠原蛋白，在毛孔周圍建立起良好的支撐架構。然而老化會造成膠原蛋白逐漸流失，毛孔失去支撐力，自然越變越大。這種現象稱之為「鬆弛毛孔」。（與年輕肌膚因皮脂過剩所造成的毛孔粗大，全然不同）當這些鬆弛毛孔集結成群後，會形成皺紋。就像是先在紙張上點虛線再依照此虛線摺紙般的原理，沿著毛孔一一折起後肌膚上會出現摺痕，也就是所謂的皺紋。（請參考P212）

② 眼袋

眼睛四周的肌膚相當薄，因此一旦這個部位產生鬆弛，會使黑眼圈變得加倍明顯。眼球的周圍有許多脂肪組織（眼窩脂肪），以形成軟墊保護眼睛。但如果下眼部支撐的結締組織失去彈性下垂時，眼眶內的脂肪隨之下移膨出，使下眼皮看起來像袋子般鼓鼓的，這就是所謂的「眼袋」。眼周的老化現象因人而異，有的人是上眼皮鬆弛較明顯，眼皮不斷加重下垂，視野因為會被鬆弛的眼皮遮住，因而經常不自覺的抬高眼皮，導致肌肉過於緊張，嚴重者甚至會引起頭痛。

③ 雙下巴

「明明不胖卻有雙下巴」？這可說是最典型的鬆弛臉型。從臉頰到下巴之間的皮膚是全臉中脂肪最肥厚的部位，當皮膚支撐架構漸漸衰退時，會導致鬆弛下垂。最後演變成一般我們常說的「輪廓模糊」的臉型，下巴兩側輪廓的線條變得不明顯，看起來顯得老氣。（請參考P158）

③ 法令紋

出現在嘴巴兩側的皺紋稱之為「法令紋」，這與其他表情紋不同，屬於因老化鬆弛所引起的現象。因此，即使當你面無表情時，法令紋也不會消失。主要是因為嘴巴四周的肌膚鬆弛，以及雙頰肥厚的脂肪層下垂而造成的皺紋。法令紋比起其他皺紋都更深，是臉上最長也最明顯的紋路，使用一般的抗皺化妝品幾乎沒有效果。除非注射膠原蛋白、或填補玻尿酸（請參考P159），否則很難改善。

臉部肌肉訓練可有效預防雙下巴

使用器具輔助肌肉訓練，保持緊張感是很重要的

臉部的鬆弛現象，原因除了是因為膠原蛋白失去彈性所導致，其實與肌肉鬆弛的影響也有很大的關係。

隨著年紀增長，不僅是皮膚，就連皮膚下的「肌肉組織」也會產生鬆弛現象。肌肉也是由膠原纖維所製成，原理是一樣的。

面部表情肌※與皮膚相附著，因此一旦肌肉鬆弛，皮膚肯定也會隨之鬆弛下垂。尤其是類似雙下巴這種臉型鬆弛、以及嘴角下垂的現象，都與肌肉鬆弛有關。因此，為了預防這種情況發生，我們必須加強肌肉訓練。但是如果做臉部表情運動的話，很容易加深不必要的表情紋，建議不妨使用器具輔助肌肉訓練。

除此之外，更加重要的事情是：經常保持臉部緊張感。如果老是做垂下的表情，嘴角也會跟著往下掉，看起來變得很老氣。

臉部肌肉訓練方法

其一・將「瘦臉牙套」咬在嘴巴內，可訓練到嘴巴至下顎之間的肌肉，一般市面上皆有販售。

其二・寶特瓶內裝入極少量的水，用嘴唇力量含住，往上提起（不使用牙齒）維持10秒鐘時間。重複此動作至少3次，待習慣之後可慢慢增加水量。

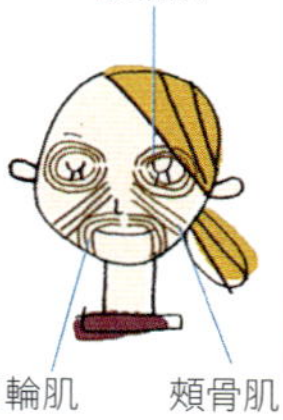

※**表情肌**

人類臉部共約有20種的表情肌。一般身體上的肌肉亦可稱之為骨骼肌，由於肌肉覆蓋於骨頭上，骨骼必須仰賴肌肉的支配做運動，使肢體能夠隨意活動。然而臉部的表情肌並非附著於骨頭而是與皮膚相附著，因此當我們臉部作表情的時候，表情肌會直接牽動皮膚而形成各種不同的表情。一旦表情肌鬆弛，會立即影響到皮膚產生鬆弛。

最新美容醫療 1

「微整形」改善皺紋及鬆弛

最近大家耳熟能詳的新名詞「微整形」，大約是從2002年開始風靡全球。徹底顛覆過去大眾對於整形手術「昂貴、危險」的傳統觀念，利用新型的高科技美容醫療技術，挾其「不需在臉上動刀，風險低且價格合理」的優勢迅速攻佔市場，漸漸地超越傳統的整型外科手術。微整型標榜不使用手術刀，過程中完全捨棄手術刀，甚至連保養品無法改善的皺紋、鬆弛等皮膚問題都能輕鬆解決，難怪會掀起風潮，令所有愛美人士趨之若鶩。

然而，如果因為「微」這個字眼而顯得過份放心，低估其潛在的風險，可能會使自己捲進不可知的問題風暴中。大家一定要有這樣的心理準備。

微整形到底是如何辦到不需動刀卻能快速消除皺紋、鬆弛的呢？下列我將為針對它的方法及原理做詳細說明。

❶注射膠原蛋白、玻尿酸

真皮層的膠原蛋白不但具有變性、且數量會隨年齡增加而減少，因此會在皮膚上造成皺紋、鬆弛等問題，如果從外界施打膠原蛋白做填補的話，便可以立竿見影的達到除皺效果。沿著皺紋紋路明顯的地方，以極細的針頭，將膠原蛋白★注射進去，因皺紋形成的凹陷會當場膨起變得豐潤，皺紋立刻消失。不過由於此類物質屬於外來物質，經過一段時間後會被人體吸收，除皺的效果只能維持4～6個月左右。

再者，注射用的膠原蛋白可能會引起過敏反應，初次使用的人請務必謹慎的測試肌膚是否對膠原蛋白過敏後，再行注射。

玻尿酸的用途大致與膠原蛋白相似，但玻尿酸不會引起過敏或感染現象，這也就是玻尿酸比膠原蛋白更受到市場歡迎的另一原因。效果維持期約與膠原蛋白差不多。

實際注射填補皺紋，一般所需的時間僅約15分鐘，且術後不易出現瘀青或腫脹的情形，多半可直接上妝出門不會影響到日常生活。至於疼痛感與一般打在手臂時候的感覺差不多，但是臉上的神經較為敏感，因此可能會比手臂上的疼痛感強上幾倍。一般不會使用麻醉★★。

究竟哪種皺紋適用於這些注射療法呢？首先最明顯的就是法令紋（請參考P157）。法令紋線極深，一般單靠保養品幾乎無法改善，讓人看起來像老了很多歲。以玻尿酸注射法令紋後會立即提高皮膚，人也瞬間年輕起來。

當然也能夠注射在眼角、及額頭的皺紋上，但其實這些部位的皺紋會比較適合注射肉毒桿菌做改善。另外，希望以膠原蛋白、玻尿酸填補眼睛下方小細紋的需求相當多，但如果是下眼皮皮膚比較薄的人，可能無法負擔填充物的重量，結果下垂情況非但沒有改善反而變得更加嚴重。事實上，消除眼睛下方的細紋最好的辦法就是動手術（切除一些下眼睛附近鬆弛皺紋皮膚的手術）。至於眉頭間的直勾皺紋，則不適合注射這類物質。基本上是因為眉間的皮膚原本血液循環機能就非常差，將填充物注射在這個部位會更加阻礙血液循環的流通順暢。而對付眉間的皺眉紋大多是採用注射肉毒桿菌的方式。

注射的費用是因各診所而異，當然不包含在健保的給付範圍內★★★。膠原蛋白的費用會比較便宜，假設注射在法令紋的位置（左右兩側）一般市價大約台幣1～3萬元。而同樣的位置，玻尿酸的價格大約在台幣3萬元起跳。

❷注射肉毒桿菌

肉毒桿菌所衍生出的成份，可用來注射在臉部表情肌上，治療因表情而產生的各種「動態性」皺紋，經注入人體後可麻痺肌肉收縮，便可達到「撫平」皺紋的效果。此具有使肌肉鬆弛性麻痺的成份，亦稱為肉毒桿菌素。雖說是毒素，但它對於身體其他部位皆不會產生副作用，使用起來相當安全且不會產生過敏反應。

肉毒桿菌常用的美容除皺有：額頭紋、皺眉紋、眼角紋（俗稱魚尾紋）。可能很多人會擔心麻痺表情肌後會無法做表情，但只要選用最適合的劑量及注射點，其他部位的肌肉並不受影響，所以不妨礙自然表情、也不會有臉部僵硬的情形。但是，如果注射位置太靠近眉毛，會導致眉毛下垂呈現一個ㄟ字形，而且因上眼皮的重量增加而招致頭痛…等副作用，要特別小心。想要以注射肉毒桿菌除皺，如果一心想要消除皺紋而注入太多的劑量導致效果過強，反而會衍生更多問題。因此，不應該是以消除的心態，而是抱持著「改善皺紋」的心情做治療，才是最重要的。

此外，肉毒桿菌的效果並不會在注射後立即顯現出來，通常需要4～5天之後才會開始明顯。效果約可持續4～6個月，費用一次約台幣1萬多元起跳。

只需於表情肌的肌肉上做少量施打即可，最大的優點在於：與膠原蛋白、玻尿酸相較之下，疼痛感低且出血情況較為輕微。

③雷射

採用冷觸(cool touch)或非剝離式(non-ablative)雷射的方式，活化真皮組織、增生膠原蛋白，藉此拉提全臉肌膚之治療。除了雷射之外，脈衝光之光照療法也能有效改善小細紋。

雷射感覺上好像比注射更能達到有效的治療，但是這麼長的一段時間中，我們體內的膠原蛋白一直都是持續減少的，雖然利用雷射光能夠促進自體的膠原蛋白增生、加速皮膚代謝更新，但是這樣的活化過程也需要時間，這就是為什麼雷射需要花好幾次的療程才能發揮效果的原因。因此，我認為雷射的方式會比較適合「全臉明顯呈現鬆弛下垂」的人，如果是特別指定消除「某個部位的皺紋」的人，可能比較適合❶❷的注射方式。

★ **膠原蛋白**

目前所使用的幾乎是從牛隻身上取得的膠原蛋白。當然不可能使用食用牛，而是經過嚴格衛生管理飼養的特殊牛隻，無須擔心會有BSE（狂牛病）等感染問題。

★★ **關於麻醉**

我在幫病人做膠原蛋白或玻尿酸注射時，常常聽到有人詢問：「不用做麻醉嗎？」。如果是採用局部麻醉的話，方法大約就如同牙科一樣，以注射麻醉藥為主。但是，為了減緩注射時的疼痛感而去做注射？根本一點意義也沒有，因此一般都不做麻醉。如果遇到有人堅持一定要做麻醉不可的話，通常會使用一種局部麻醉用的透明貼布，上頭有麻醉藥成份，只需貼在注射部位約1小時多少會產生麻醉的效果。

但是，採用此法時，麻醉藥並不會滲透到皮膚較深層的地方，不可能達到完全無痛的程度。

★★★ **關於健康保險**

所謂適不適用於健保範圍，到底是依據什麼樣的基準決定出來的呢？此健保醫療範圍規章乃由中央健保局所制定出，且為全省之共通基準。即使某種治療歸屬於醫療行為，也不代表它一定在健保的適用範圍內。諸如全部的美容治療皆是如此，另外癌症的某種特殊治療也是其中一例。牙科或整型外科所用的特殊醫療材料，通常也不能申請健保（如：瓷牙）。

所謂的健康保險，是基於維護國民健康為目的所建立的制度，如各位所知，健保已經處於嚴重赤字的情況，如果再加上所有美容醫療也要包含在內，健保根本無法負荷。更何況，全國人民所繳納的健保費用，假設被拿來支付雙眼皮手術、除皺的話，不是非常可笑的一件事嗎？儘管如此，還是有某些人會認為：既然在醫院接受治療，怎麼會不適用於健保呢？皮膚科診所亦是如此，如果以治療青春痘等病名所開出的藥物可包括在健保內，但是注射玻尿酸、雷射除皺…等治療，是絕不可能申請健保（先天性的胎記則適用於一部分健保範圍內）。

另外，也經常有人詢問到：「在你們這間診所做○○屬於健保範圍內嗎？」然而是否適用於健保，全國各地皆是以統一基準實施的不是嗎？除此之外，當然也是有原本能夠申請健保，但是病患選擇以自費方式給付的情況。特別是有許多美容醫療醫院是完全不能使用健保的，這麼一來即使是健保可以給付的藥物也必須自費。

因此，在就醫前可先確定該診所是否為健保診所，才能歸屬於健保的範疇內。

找出「黑眼圈」的形成原因，保養必須對症下藥

「黑眼圈」基本上可分為三大類

「最近是不是太累了呢？」相信有黑眼圈問題的人，都會常常接受到這樣的善意關懷。事實上有許多人可能正為了「黑眼圈」問題感到煩惱。

到我診所諮詢黑眼圈問題的病人之中，不一定每個人的黑眼圈都屬於同一種情況，其實「黑眼圈」具有很多種不同的類型。雖然大家習慣統稱為「黑眼圈」，但基本上「黑眼圈」大致可分為三種類型（請參考P164～165）。其中，真正所謂的黑眼圈指的是血管型黑眼圈，同樣也是大家最熟悉的黑眼圈類型，眼周肌膚會呈現紫青色（青眼圈）。

隨著年齡增長，眼周肌膚變薄，黑眼圈變得更加明顯

想要徹底了解黑眼圈的形成原因，首先必須認識眼睛及眼睛周圍的構造。

眼球周圍有許多柔軟的脂肪（眼窩脂肪）支撐住眼瞼，如同保護墊一樣保護眼球不受外界傷害。然而，眼瞼是人體全身皮膚最薄的部位，神經極為敏感，且皮脂腺非常少，因此很容易乾燥缺水。除此之外，雖然每天持續眨眼睛的動作有助於血液循環順暢，但同時卻也使它成為最容易受傷的部位。大家都知道吧!?只要稍微一碰撞到就會立刻形成瘀血黑青。

另外還有一大特徵，就是眼瞼部位非常容易引起生理性色素沈澱。這個部位的麥拉寧黑色素的活動量原本就非常旺盛，如果再加上經常動不動的摩擦眼皮肌膚，很快就會形成黑色陰影。

如上所述，眼瞼肌膚的構造顯然不同於臉部其他部位。例如：雙頰就與眼瞼肌膚完全不同，皮膚較厚、並具有較多的皮下脂肪。而黑眼圈的形成，儼然成為下眼瞼與雙頰間的分界線，各據一方。

然而隨著年紀增長，眼皮肌膚會變得越來越薄，每個人多少都會產生一些黑眼圈。仔細觀察年齡約70幾歲的老年人，幾乎大家都有黑眼圈呢！

黑眼圈明顯、或不明顯，確實是因人而異。那是因為每個人的臉型原本就不一樣，就像歐美人天生彷彿雕刻而成的深邃五官，造成眼睛與雙頰之間很容易產生落差，往往年輕時就能夠明顯看出臉上掛著很深的黑眼圈。

肌膚與膠原蛋白食品

常常有人說：多吃雞翅膀、膠質食物、魚翅就能「增加肌膚膠原蛋白」，然而，從嘴巴吃進去的膠原蛋白，是無法直接轉變成肌膚的膠原蛋白。

吃下肉類…等蛋白質，首先會在腸胃中分解成氨基酸，再被人體吸收（蛋白質由氨基酸所組成）。與蛋白質一樣，膠原蛋白亦是如此。分解形成的氨基酸被吸收後，會重新合成可供應體內使用的蛋白質。因此，此蛋白質可能是提供肌膚的膠原蛋白使用、也有可能是提供身體其他部位使用，由身體自行調度運用。例如：頭髮的角質蛋白也需要使用到。

荷爾蒙的作用正如同司令官一樣，掌握領導大權，操控體內運作並決定應該使用於何處。

至於為什麼年紀大了之後膠原蛋白會逐漸減少，其實不只是由於氨基酸原料缺乏的原因，與維持年輕的生長荷爾蒙、濾泡荷爾蒙（雌激素）分泌量減少也有很大關係。

黑眼圈種類

❶ 血管鬱積型（青眼圈）

當眼睛轉動時，血液會圍繞著眼睛周圍流動。但在眼睛過度疲勞的狀態下，因為眼睛周圍靜脈回流差，造成皮膚內的靜脈血液淤塞缺氧，而眼眶周圍皮膚特別薄，當血流經過此處的大靜脈，在下眼部皮膚表層會出現藍黑色的眼暈，俗稱為「青眼圈」，也就是一般最常見的黑眼圈類型。尤其是膚色白皙、或眼皮很薄的人，更容易顯現出底下的血管，令黑眼圈無所遁形。另外，東洋醫學中所說的瘀血體質（寒性體質）的人也會非常明顯。想要改善青眼圈，首先要增加皮膚的厚度，刺激膠原蛋白增生（請參考Ｐ156）。由內調整瘀血體質，每日維持適量的運動，盡量戒吃生冷食物、冰品、少抽煙。另外，也可沿著眼眶周圍的骨頭按壓，透過穴位按摩能紓緩眼球經絡，促進眼睛血液循環。

若黑眼圈真的很深的人，則建議使用眼部遮瑕膏，沿著眼睛下方黑眼圈處輕輕點壓塗上做修飾，可使眼圈顏色變淺一些。

❷ 浮腫・鬆弛型（黑眼圈）

事實上到診所來諮詢的患者中，這一類型黑眼圈的人數最多。

隨著年齡老化，原本就很薄的下眼皮肌膚會越發鬆弛、脆弱，使得支撐眼窩脂肪的結締組織也隨之鬆弛，往前凸出。眼瞼皮膚鬆弛下垂，最後造成眼部陰影、黑眼圈。所謂的「黑眼圈」主要是眼眶部位的陰影、眼皮顏色較暗所呈現的外觀。如果黯沉不斷加深，黑眼圈就會變得越明顯。

因為不屬於斑點型，所以就算使用遮瑕膏也遮不住，化了妝後反而讓黑眼圈更明顯。從頭上打光下來，陰影黯沉的部份就像熊貓樣的黑眼圈。「看見自己映照在地鐵玻璃上的影像，一臉疲憊不堪的倦容，連自己都嚇了一跳呢⋯」這種情況也不少見吧。

這一類型的黑眼圈是因眼皮老化鬆弛所致。主要是由於膠原蛋白流失而造成的鬆弛現象，所以，必須強化膠原蛋白的機能才能有效改善。說到底，根本的解決方法與❶相同。易浮腫體質要控制鹽分的攝取，忌食冰冷食物。

這一類型的黑眼圈其實是最難改善的，黑眼圈的確非常惱人，如果真的非常介意的人，可考慮透過美容外科的手術，做下眼皮整形切除贅皮及脂肪才能徹底改觀。

❸斑點・黯沉型（褐眼圈）

當眼睛下方出現小斑點時，連帶會形成視覺上的黑眼圈。再加上經常習慣揉眼睛、或眼周肌膚容易長溼疹的人，會使下眼部的角質層過於肥厚，形成黯沉。眼皮更顯得黯沉無光澤，通常會呈現茶褐色，因此亦稱之為「褐眼圈」。

斑點是因麥拉寧色素所導致，因此亦可採用一般的淡斑方法保養眼部；而厚重的角質層（角質肥厚）可做輕微的果酸換膚幫助代謝，但如果是濕疹的話決不能做使用果酸成份，當皮膚出現搔癢症狀時應及早至皮膚科診治。

黑眼圈簡單判別方法

不知道自己屬於❶～❷何種黑眼圈類型的人，可以利用下列簡單的幾個步驟做自我判別。首先，如果是❶血管鬱積型的黑眼圈，只要稍微將眼皮往下拉，應該就可以看到淡淡的顏色。

如果是❷鬆弛型的黑眼圈，將頭往上抬時會立刻變得不明顯（因重力影響所造成的鬆弛現象）。試著手拿鏡子，臉朝天花板的方向看，一邊觀察自己的黑眼圈是否變淡了呢?

如果是第❸類型的話，即使拉下眼皮、臉往上抬黑眼圈都不會變淡，且不會因睡眠不足而出現加深的狀況。

面皰

紅腫型痘痘、黑頭粉刺、痘疤…等

為什麼會形成面皰呢？

請勿誤解！

皮脂與痘菌不是壞東西

突然某一天，痘痘就「波」地一聲冒出來了。光是這樣就足以使人心情鬱悶到極點。

大家一定都曾經有過長面皰（痤瘡，英文為acne）的經驗，可說是一種相當常見的肌膚問題，然而不明白面皰真正形成原因的人，遠比想像中還多。

首先，面皰並不是因為「油脂過多」而造成的結果。當然，10幾歲時長青春痘的主因通常與皮脂分泌過剩有關，但是，過了20歲後並不只限於油性肌膚的人會長痘痘（成人面皰），且通常還只會出現在臉頰等乾燥部位。

「痘菌（俗稱面皰菌）是形成痘痘的元兇，所以要徹底殺菌」，好像很多人會有這種觀念。痘菌確實是會在毛孔中繁殖，並加速痘痘惡化的原因之一。

但實際上，痘菌原本就屬於皮膚的常在菌，對維持肌膚表面平衡有很大的貢獻，絕對不是什麼壞菌。因此，萬萬不可做殺菌的動作。

所謂痘菌？

為常在菌的一種，此細菌對於維持皮膚表面生態平衡貢獻良多。稱之為propionibacterium acnes（一般簡稱為P.acnes），幾乎全部青春期男女的皮膚上皆有痘菌的存在。亦是屬於厭氧菌的一種，此菌種的生長環境則絕不容許有氧氣存在，因此經常潛藏於毛孔深處等沒有空氣的地方。

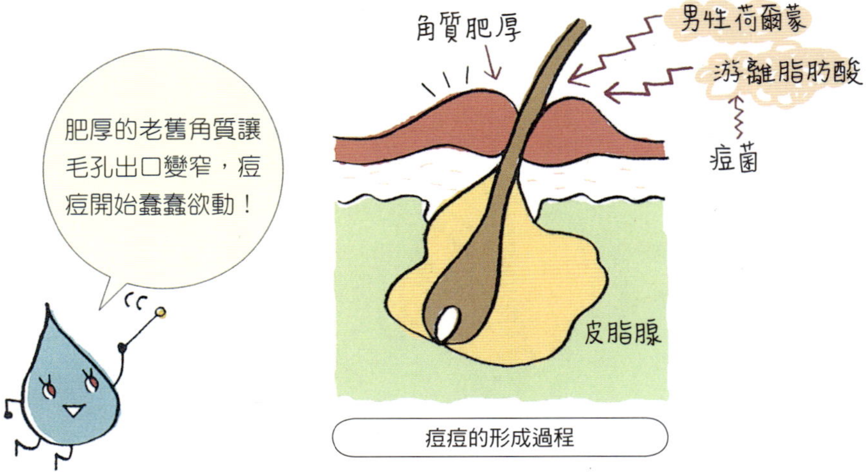

痘痘的形成過程

既然「皮脂」與「痘菌」兩者皆是肌膚不可或缺的重要元素，那麼，到底為什麼會造成痘痘呢？

或許很多人並不清楚，但其實生成面皰的第一步驟，是由於「毛孔出口處的角質過於厚重（引發角質肥厚症）」所導致。

因皮膚上囤積過多的老廢角質，直接阻礙了毛孔皮脂流通的管道，使皮脂不斷在毛孔中累積。而這些阻塞在毛孔中的皮脂則變成了痘菌的營養來源，造成痘菌繁殖過剩，甚至引起發炎，痘痘越來越惡化。

肥厚角質的作用，可能與男性荷爾蒙、及其他痘菌分解油脂後形成的游離脂肪酸…等變化有關，原因眾說紛紜。嚴格來說，關於肥厚角質的形成因素，其中也摻雜許多現代醫學所無法解釋的部份。

真正的原因是？

體內生態失調會引發面皰

總歸而言，形成痘痘的主要原因乃出自於：「荷爾蒙」引起的皮脂分泌過剩、毛孔中的角質肥厚症，以及「免疫系統」引起的痘菌大量繁殖，因而造成體內環境紊亂、失調。

現代人普遍壓力過大、加上飲食作息不正常，很容易引發痘痘。然而不僅如此，有時因睡眠不足、運動不足…等，舉凡生活中的任何大小事，都可能會造成內分泌失調。種種原因累積到最後，將會嚴重破壞皮膚上的生態平衡，痘痘蓄勢待發。

因痘痘問題而造訪皮膚科的人，大多數都有一個疑問：「從小到大都沒長過痘痘，為何會突然冒出這麼多痘痘呢？」，亟欲知道解答。雖然說會生病，肯定有它的原因及理由，而患者多半很希望知道真正原因後再想辦法根治。但是，長痘痘的情況，由於原因實在過於複雜，有太多種可能性，因此醫生往往很難明確回答出這個問題吧！

面皰形成經過

所謂痘痘，究竟是經由什麼樣的過程而產生的呢？從表面看來好像是某天「波」地一聲，就突然冒出來了，然而正如我下列敘述的步驟，其實痘痘也是經過好幾個階段，才慢慢生長而成的。
痘痘可能在②的階段就自己痊癒了；③～⑥的痘痘總有一天也一定會被治癒；而⑦的痘痘恐怕會在臉上留下痘疤。

1 毛孔出口附近的角質異常增厚

原本毛孔的開口就非常細小，如果在周圍不斷囤積老廢角質，會使出口越來越窄，最後造成皮脂阻塞在毛孔的情況。

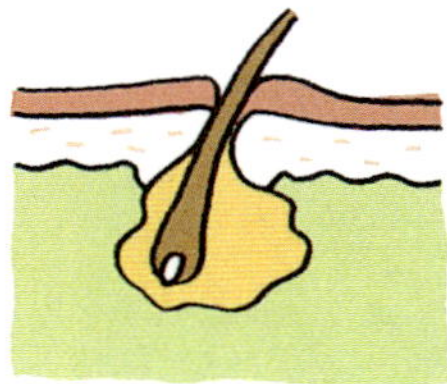

至於為何會發生異常角化的現象，主要是與男性荷爾蒙、及皮脂分解出的物質（游離脂肪酸）的影響有關，當然也包括其他不明的原因。在此階段中，毛孔中的變化尚不明顯。

醫學上將毛孔稱之為毛囊，而毛囊開口於表皮呈漏斗狀稱之為毛漏斗。此狀態則屬於「毛囊角化症」。

2 形成初期面皰（粉刺）

皮脂滯留於毛孔的結果，形成所謂的初期面皰（粉刺）。

粉刺可分為：開放型粉刺（黑頭粉刺）與閉鎖型粉刺（白頭粉刺）。在此階段中有時只需稍微擠壓就能清除，處理得當就不會留疤（請參考P196）。

●**開放型粉刺**・・・意指毛孔的開口部位因為氧化變黑，形成黑色的硬化狀態。看起來像是小黑點的油脂粒，一般稱之為黑頭粉刺。

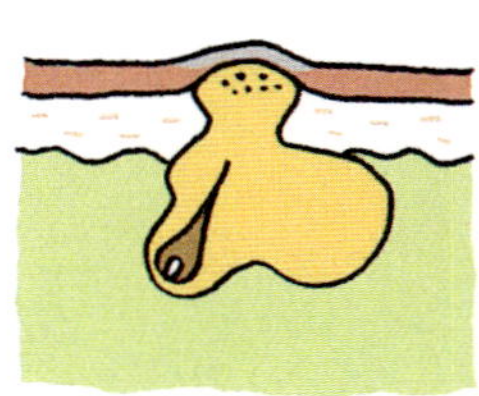

●**閉鎖型粉刺**・・・皮脂囤積在毛孔內阻塞出口，由於完全沒有出口，因此比開放型粉刺更容易引起發炎。最常出現在下巴等部位，表面雖然看不出來，可是一摸就能感覺到皮脂被包裹在裡面，一旦閉鎖型粉刺變大鼓起，就會形成膿皰。

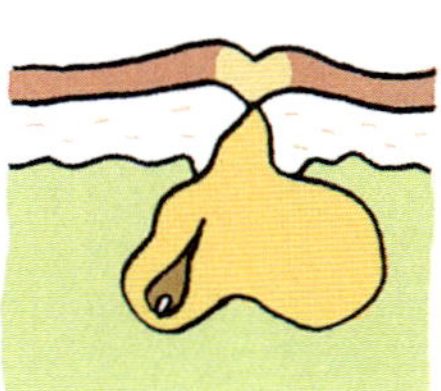

3 引起發炎

皮脂成為最佳的營養來源，使得痘菌大量繁殖，最後引起發炎（請參考P203）。表面清楚可見，變成紅腫型的面皰。

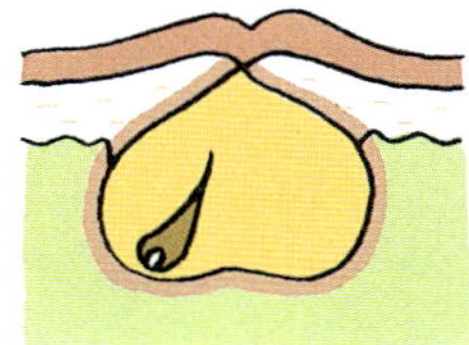

4 發炎惡化，形成膿皰

人體血液中的白血球（尤其是嗜中性白血球）會開始攻擊大量增加的痘菌。細菌及嗜中性白血球會在毛孔中展開一場青春痘之戰，使得發炎越來越嚴重，出現白色的膿皰，最後形成紅腫發炎的「膿皰型痤瘡」。所謂膿皰型痤瘡，意指化膿的痘痘，亦稱之為「發炎型痘痘」。膿～就是白血球與細菌戰鬥後留下來的屍體痕跡。

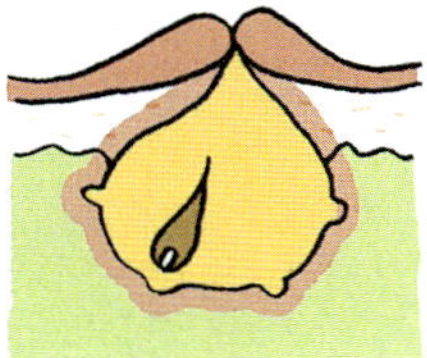

5 發炎的範圍擴大至毛孔四周

痘菌與嗜中性白血球之間的戰爭越演越烈時，有時甚至會波及毛孔壁，造成毛孔壁受損（破壞毛囊壁）的情況。這場戰爭除了破壞毛囊壁之外，還會引起毛囊周圍結締組織的發炎，並且伴隨著疼痛。一般稱之為「囊腫型痤瘡（或結節型痤瘡）」，這個時期表面摸起來熱熱的，感覺裡面有硬塊。甚至痘痘的範圍可能同時橫跨在好幾個毛孔中。

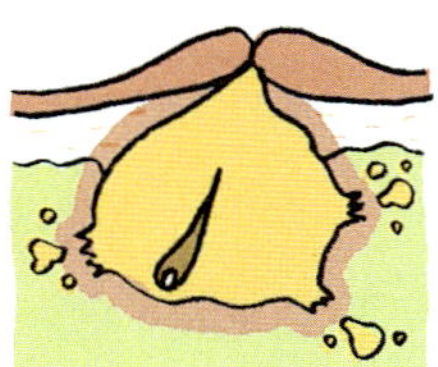

6 痘痘化膿或自行吸收

發炎型的痘痘會將膿排出外面（化膿）。但如果痘痘過於深層，無法排出膿的時候，通常會慢慢在毛孔內自行吸收掉。

7 凹陷，形成痘疤

消炎後會留下痕跡。而痕跡的嚴重度，端看痘痘進展到1～5的哪個階段而定。進行到4以上時通常就很容易留疤，但終究還是因人而異，也有人進行到第5階段仍沒有留下任何痕跡。

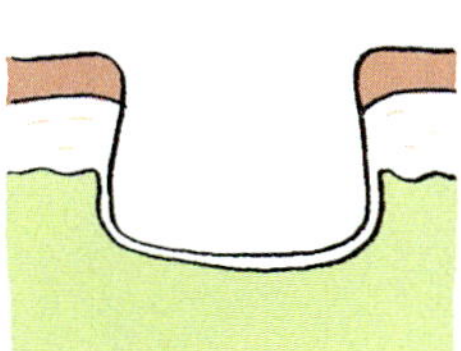

荷爾蒙失調是引發成人面皰的主因

睡眠不足時痘痘越發惡化

近來，超過20歲後長出「成人面皰」的比例有日益增加的趨勢。

成人面皰與一般好發於10幾歲時期的青春痘不同，具有以下特徵：首先，較常出現在下巴位置，且難以治癒，痊癒後也往往會留下疤痕。另外，絕不只是油性膚質（油脂肌）的人才會得到。

更重要的是，我發現這些患者身上都有一個共同特徵：當睡眠不足時，痘痘會明顯出現惡化的徵狀。原因多半來自於壓力，且其中多數人可能都沒有警覺到自己正處在壓力過大的狀態。例如工作上的壓力…等，這種無形中慢慢累積的壓力通常很容易被忽略。

輕微的壓力都可能是痘痘的原因

成人面皰的形成原因極為複雜，有很多部份甚至是醫學上也無法解釋的。但事實上，像這樣稍微的睡眠不足、輕微的壓力…等，看似任誰都可能遇過的事情，慢慢的累積之下，就會突然在某一天爆發成嚴重的荷爾蒙失調，演變成「成人面皰」。

column『吉木醫師的美肌生活』

痘痘形成的原因為？

我幾乎每天都會在診所的診察室裡，對飽受痘痘困擾的患者們重複進行以下的對話。

患者（以下簡稱：患）：「我從出生到現在都沒長過痘痘，怎麼會突然之間冒出這麼多痘痘呢？」

吉木（以下簡稱：吉）：「一般這種情況以荷爾蒙失調的原因居多。」

患：「但是我的生理期都很正常呀！」

吉：「即使是生理期非常正常的人，也可能會發生荷爾蒙嚴重失衡，這種情況蠻常見的。」

患：「既然如此，可以幫我檢查荷爾蒙的狀況嗎？」

吉：「這並非是需要動用到檢查的生理異常狀況，且痘痘不屬於婦科疾病，即使做了檢查也不會到達異常的地步。不自覺的荷爾蒙失調才是形成痘痘的主因。」

患：「但我的生活一如往常，荷爾蒙怎麼會突然之間發生失衡的情況呢？」

吉：「稍微的疲勞、或壓力⋯等因素都可能成為一個契機。」

患：「可明明生活的步調都差不多、現在也沒特別感到有壓力⋯⋯」

吉：「雖然現在沒有明顯的感受到，但可能是從很久以前疲勞、壓力就不斷的慢慢累積，積少成多。其中以睡眠不足的影響最大。」

患：「平常的確有睡眠不足的情況啦⋯但是我在假日的時候都會好好的補回來⋯⋯」

吉：「這種不規律的生活，可是會嚴重影響到荷爾蒙喔。荷爾蒙就像是體內生理時鐘的齒輪，一旦生理時鐘不規律，齒輪肯定會發生異常。也就形成荷爾蒙失控的情況。」

飲食以清淡為主，並維持6小時的睡眠

切忌補眠的行為，飲食以接近粗食的和食為主

光靠肌膚保養是無法完全預防痘痘的產生。更重要的是要維持規律的生活，避免造成荷爾蒙失調。

你有充足的睡眠嗎？睡眠不足時肌膚的免疫力會下降，不只很容易形成痘痘，且痘痘還是屬於又大又腫的類型。保持良好、正確的睡眠習慣是非常重要的。經常睡眠不足、或總是靠補眠的方式彌補不足的睡眠，是絕對萬萬不可！每天最少要維持6小時的睡眠時間。

除此之外，飲食生活也是相當重要。重症痘痘的病例以前幾乎都發生在歐美人的身上，國人則是非常少見。然而最近國人患上重症痘痘的案例好像有日益增加的趨勢，原因可能與現在國人的飲食習慣產生極大的變化有關。

比起歐美人以攝取動物性脂肪為多的飲食文化，相較之下，中式和日式飲食主要以「粗食」為主，對肌膚比較有益。盡可能將主食的白米飯改換成玄米吧！白飯加上菜，在補充食物纖維及礦物質的同時，往往也會增加過多的卡路里熱量。但是換成玄米的話就可以不囤積多餘的熱量，也能確實補充足夠的食物纖維及礦物質。另外，為了達到抗氧化的作用，不妨多攝取黃綠色蔬菜※。

※ **黃綠色蔬菜**
富含維生素A及C，具有抗氧化作用（請參考P35）。為美肌所不可或缺的食物。

column『吉木醫師的美肌生活』

「種之保存」與「美麗」之間意想不到的關聯

請容我再次強調。所謂人類這種生物，是動物哺乳類的一種，利用胎生繁殖下一代。

對於動物而言，最優先的事項就是種的保存，無意識下自然就會產生保護種（延續後代子孫）的本能行動。女性做入時的打扮、積極保養自己…皆是屬於一種為吸引異性注意的表現，有利於種的延續。

而男性的本能表現，主要還是在於「無法抗拒美女的誘惑」吧。皮膚要有光澤、髮質要好、不能太胖也不能太瘦…等，總之就算不是真的要跟她生小孩，也會本能的去選擇適合一起生育的女性。

我在這本書中總是主張：「美麗的根源在於健康」，這正是最佳的證明。內在器官健康、心靈也健康的女性，肌膚肯定也很美麗，自然成為異性們都想追求的對象。為了這個目標，我們必須像是動物般過著正常的健康生活。飲食不健康就用營養補給品隨便搪塞、總是睡眠不足心情焦慮不安，都將被視為不合格的種之保存。唯有身體及心靈都保持健康的女性，絕對會令人眼睛為之一亮。

成人型面皰不宜使用含有硫磺成份的抗痘保養品

持續使用會造成肌膚粗糙

在藥妝店、藥局，任何人隨便都能買到具有軟化角質效果、含有硫磺殺菌配方的抗痘藥膏，尤其是在有痘痘困擾的10多歲年輕族群之中，好像非常受到歡迎。然而，這些藥物很容易造成肌膚乾燥，因此不適合成人型痘痘的人使用。因為成人面皰不只好發於油性膚質（油脂肌）的人身上，用了之後往往會使肌膚更加粗糙，最後痘痘也不見改善。此外，痘痘肌膚專用的保養品往往不含油份，請特別注意。

青春期痘痘之成因與解決方法

青春期時的痘痘，最大特徵在於：全臉任何位置皆很有可能發生。原因大致與皮脂分泌過剩（大多為遺傳性體質所導致）、偏愛吃甜食…等飲食問題、以及乳液、粉底中的油份有關。解決的辦法主要有下列幾個注意事項：

●徹底洗臉，保持清潔。

●保養時必須減少使用油份。（盡量不使用乳液、乳霜等產品，以無油的凝膠做保濕。若眼睛四周肌膚過於乾燥時，則僅在此部位塗抹乳液。）

●盡可能避免使用粉底。如果真的非用不可的話，則以粉狀粉底為主。

●控制巧克力等甜食的攝取。

避免過度洗臉&卸妝

過度清潔會造成角質又厚又硬

有痘痘困擾的人之中最常犯的一個毛病就是：「亟欲洗去皮脂及髒污」，因而一天用洗顏皂洗好幾次的臉，即使沒上妝也一定要卸妝，最後卻造成過度清潔。雖然洗去多餘的油脂及髒污，使之不殘留在皮膚表面，的確是預防痘痘非常重要的一個步驟。但是，就算再怎麼拼命的洗，阻塞住毛孔的油脂也不會因此脫落，還會造成肌膚「滋潤成份」不必要的流失，肌膚越來越乾燥。置之不理的話，角質層會變得又硬又厚，結果造成毛孔堵塞※的情況更加惡化。總而言之，原本是想要預防痘痘才洗臉的，最後洗臉卻反而變成致痘的因素。「一直都有徹底的清潔肌膚，為什麼還會長痘痘呀？」如果你也有相同的疑問，我認為你有必要再重新檢視自己洗臉及卸妝方法是否真的正確。

使用清爽型洗顏皂及卸妝乳

早晨起床時，請使用洗後清爽不緊繃的洗顏皂（盡可能以固態皂為主）洗臉吧！夜晚時（或傍晚），如果當天有化妝的話，首先以卸妝做清潔。建議使用油脂成份不會太多、也不會太少，且抹在

※毛孔阻塞（請參考P210）

SAVON
DE
MARSEILLE
[eau]

肌膚時觸感柔軟的乳液狀卸妝品為佳。當然最好是選擇水洗式的卸妝。值得注意的是：卸妝油的問題。卸妝油中含有許多界面活性劑，原本就是屬於卸除濃妝時才會用到的東西，如果拿來每天使用的話會傷害肌膚，請盡可能避免。而在卸妝後，記得和早上一樣，使用洗顏皂再洗一次臉。

洗完臉後，取乾淨的毛巾壓乾肌膚上多餘的水分。

男性荷爾蒙與痘痘

有此一說：痘痘是因為男性荷爾蒙過多所導致…。果真是如此嗎？

的確，如果是毛囊角化症的情況（請參考P170），確實與男性荷爾蒙有很大的關係。但是，假設血液中的男性荷爾蒙含量過高的話，不僅是痘痘問題，甚至會造成全身出現多處肌肉、多毛（毛色深）…等男性化徵狀，當然生理期也會停滯。

事實上，即使是男性荷爾蒙不多的人也可能會長痘痘，更何況難道說全天下男性都特別容易長痘痘嗎？

痘痘的成因相當複雜，無法解釋的部份也有很多。並非是男性荷爾蒙增加就會形成痘痘、或男性荷爾蒙減少痘痘就會痊癒…，如此單純的事。大家一定要記得一件事，痘痘終究是歸屬於皮膚疾病，而非婦科疾病，到皮膚科來要求檢查荷爾蒙實在是很不恰當的行為，且就算實際測量後，真正出現男性荷爾蒙數值偏高的人也幾乎是沒有。

應該是說，荷爾蒙在自然的狀態下，會自動控制何時應該增加、何時應該減少。只要這個作用產生微妙的變化，破壞平衡，就很容易會出現痘痘…等肌膚問題。

控制油份，補充足夠的保濕成份

保養以維他命C誘導體及保濕成份為主

即使是痘痘肌膚，也是需要保濕的。如果以為「因為長痘痘，最好什麼都不抹」就大錯特錯了。那麼，究竟適合痘痘肌膚使用的保濕是什麼呢？

首先，由於化妝品中的油份全都與皮脂一樣，會成為痘菌的營養來源，因此請勿過度塗抹。即使是使用非常高級的天然油、或橄欖油也是如此。

相反地，應該補充足夠的水分（保濕成份）。當肌膚缺乏水分時，會使毛孔開口處的角質不斷增厚，反而很容易堵塞住毛孔。因此為了預防痘痘，應使用玻尿酸、或含有分子釘成份的保濕精華液，補充肌膚滿滿的水分。肌膚變得柔軟潤澤，就不容易阻塞毛孔。

此外，含有維他命C誘導體的化妝水不但能夠有效抑制皮脂，還能幫助預防痘痘，且具有淡化發紅痘疤的作用，極力推薦各位使用。

簡而言之，痘痘肌膚的每日保養守則，大致如下所示：

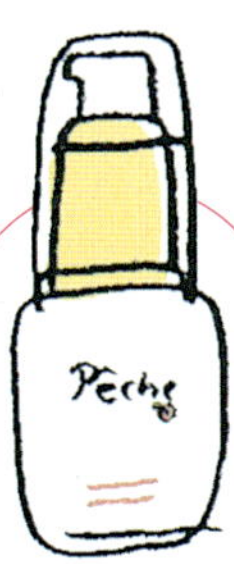

1 使用卸妝乳輕柔地卸除彩妝髒污。
2 使用清爽型洗顏皂徹底清洗多餘皮脂。
3 取適量含有維他命C誘導體成份的化妝水，用手輕輕按壓使之滲透。
4 塗抹含有玻尿酸成份、或添加分子釘成份的少油精華液，充分保濕。

容易冒痘痘的時期，利用果酸洗顏皂加強護理

清除老廢角質，預防毛孔阻塞

為了預防痘痘，明明每天都很認真的洗臉、保濕來保養肌膚，怎麼有時還是會突然冒出很多痘痘，然後過一陣子又自己自然痊癒了呢？

事實上例如：生理前的荷爾蒙變化，就非常容易使痘痘惡化。這是由於體內的黃體素會促進皮脂分泌，且引起類似因男性荷爾蒙所致的痘痘初期症狀，亦即毛孔四周的皮膚角化現象（角質層變厚，阻塞住出口）。除此之外，因生活不規律所引起的的肌膚更新週期大亂、以及肌膚乾燥都會促進角化的發生。

因此，在特別容易長痘痘的時期，為了避免毛孔阻塞，不妨可嘗試以果酸換膚※的特殊保養方式加強護理。

所謂的「果酸換膚」，主要是利用各種化學藥劑塗抹在皮膚上，剝除分解表皮老化角質細胞之保養法。果酸換膚後，不只毛孔不易阻塞，更能夠提高肌膚更新速度、促使表皮細胞加速代謝，對於改善斑點、細紋也很有幫助。

※果酸換膚（請參考P184）

添加AHA成份的果酸洗顏皂

大家都知道在皮膚科美容診所，可透過專業醫師依據個人的膚質與需求選擇合適的果酸產品與濃度，進行果酸換膚的特殊護理。如果不想上診所求助醫療美容，其實我們自己在家也能安全地進行簡單的居家果酸換膚療程。首先，可以選擇含有AHA※※等果酸藥劑成份的化妝品。一般家居果酸護膚品是在低濃度範圍，比起專業醫師用的果酸濃度低了許多，可以由消費者自行使用。然而，如果是使用塗抹後必須擦拭掉的類型（如化妝水），容易因放置時間過久、擦拭方式不正確而造成肌膚紅腫，請特別小心。因此，其中最簡單的方法莫過於使用果酸洗顏皂。使用洗顏皂的話，在洗去臉上的果酸成份時，會連同老廢角質一併洗乾淨，對肌膚的刺激性較低。

肌膚機能較強壯的人，可在肌膚特別容易長痘痘的時候，每天使用含有果酸成份的洗顏皂加強護理。脆弱肌膚的人則一週使用1～2次，待習慣之後再慢慢增加次數。

但是，使用時肌膚若發生紅腫、刺痛的情況，請立即停止。

果酸治療後，表皮的角質層變薄，肌膚會變得比較脆弱，此時最好搭配使用敏感肌專用的保養品做日常保養。尤其是抗痘專用的保養品刺激性很強，請避免使用。除此之外，肌膚會變得很容易受到紫外線的影響，外出時請記得一定要塗抹粉餅，保護肌膚不受紫外線的傷害。

不管是在歐美還是日本，果酸換膚療程已是全球皮膚科醫師應用在輔助治療面皰時不可或缺的利器，若是擔心自己不會做居家換膚的人，最好還是到皮膚科美容診所，由專業人員或醫生評估皮膚狀況及膚質後再執行。

※※AHA（請參考P110）

最新美容醫療 2

果酸換膚

磨砂去角質也是換膚的一種方式

所謂「果酸換膚」，翻成中文的意思為「化學剝皮術」，簡而言之就是利用化學物質將表皮層剝離、去除。

事實上從古代開始，人類使用去角質已經有一段很長的歷史了，大概也是類似輕微的去除表層皮膚，使肌膚變得更加美麗的方法。很久以前歐洲人就已經學會使用磨砂方式去角質★（Gommage；亦為scrub。將核桃殼、或向日葵籽打碎後在肌膚上做按摩、去除角質。）除此之外，日本的溫泉具有滋潤、美化肌膚的效果，其實也是一種去角質的作用。溫泉水中的「鹼」，能軟化、溶解皮膚的老廢角質。

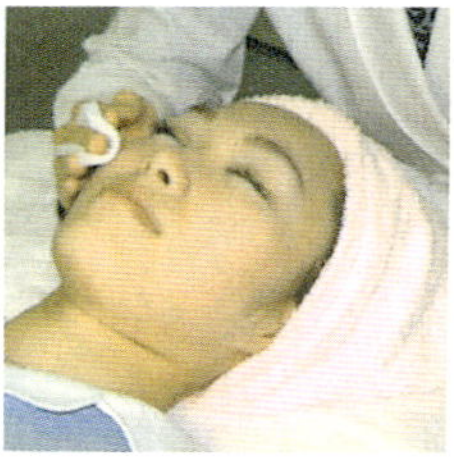

在臉部塗抹果酸藥劑依膚質調整濃度。

重現年輕光采的效果，備受期待

這麼一說，果酸換膚其實並不是新型美容技術。那麼實際上，果酸換膚為什麼可達到美肌效果呢？

肌膚約每28天會進行一次更新，然而隨著年齡增長此更新週期的速度會逐漸減緩（請參考P22）。造成老廢的角質就像枯葉般，不斷堆積在表皮層上，這時若沒適時清除，就會逐漸阻礙新細胞的正常再生運作。

因此，必須透過果酸換膚的方式使它剝落，刺激皮膚不斷製造新的表皮細胞，提高更新速度，讓肌膚「重現年輕光采」。

另外，由於肌膚在進行更新時，會將麥拉寧色素也一併代謝出去體外，因此對於預防斑點也有立即性的效果。肌膚不再堆積老廢角質，藉此避免毛孔阻塞及細菌孳生，也就不容易長出痘痘了。

而果酸換膚不只是能夠提高表皮細胞的更新活動，最近更發現它還具有促進真皮層膠原蛋白增生的作用，藉此可達到撫平皺紋、改善鬆弛的效果。

評估肌膚狀態，調整PH值及使用次數

如上所述，果酸換膚具有各式各樣的美肌效果，而皮膚科中是如何進行療程的呢？

其實，只是將「果酸成份」的酸性物質塗抹在臉上的單純作業。塗抹時會產生些許的刺痛感，而隨著酸的種類、濃度、PH值（試紙）、塗抹時間…等因素不同，果酸換膚的效果也有所變化。

因此，必須配合患者的膚質做調整。平均2周內可做2次，一個療程總計約10次即可完成。各家費用不一樣，價格帶分布頗廣，可多詢問幾家。（不適用於健保範圍）

藥劑成份中含有水溶性AHA及油溶性BHA

果酸藥劑目前最常被運用到的成份為甘醇酸，其次為乳酸。果酸在皮膚科醫學上的應用，因濃度不同而有所差異。然而並非濃度越低越好，如果濃度過低，相對的效果也不好。一般皮膚科約以使用濃度20～30％的甘醇酸居多。★★

一般市售的家用果酸護膚產品大多含有甘醇酸及水果酸成份，與一般皮膚科醫療院所使用的果酸相比，濃度可說是相當低。因此只能用來保養痘痘、小細紋的問題，若要改善深層皺紋、鬆弛可能效果不彰。

值得一提的是，果酸中還有一種較溫和的水楊酸(Salicylic acid)，我們診所主要是使用這種成份做治療。甘醇酸、乳酸、水果酸…等皆屬於水溶性的果酸，稱之為AHA★★★；而水楊酸為油溶性，一般稱之為BHA。

水楊酸溫和不刺激肌膚，術後也不易造成肌膚乾燥粗糙，效果非常良好。然而非常遺憾的，在國內幾乎很少有皮膚科使用此成份進行果酸換膚。

由於根據藥事法規定，市售果酸產品最多只能添加到0.2％濃度的水楊酸，而以這樣的濃度實在很難發揮效果，因此使用的診所不多。

★ **Gommage磨砂成份**

最近磨砂成份已經成為合格的安全藥劑，經常被用來開發製成去角質商品。但這種磨砂成份其實也是屬於化學式的去角質，亦即「化學換膚」的一種。現在也有一些皮膚科會做磨砂去角質的療程，但要特別小心避免摩擦過度，防止斑點增生。

★★ **果酸濃度**

也許不太有人清楚，其實果酸的效果強度是決定於PH值，而非％（濃度）。PH 3.5～4.5的範圍內屬於中等強度；PH 3.5以下則屬十分強烈。

★★★ **AHA**

果酸(Alpha Hydroxy Acid；簡稱AHA)，依照其化學結構式歸類命名。而BHA為Beta hydroxy acid＝β羥基酸。

當背部或胸口長痘痘時，請改穿木棉材質的內衣

洗澡時請使用棉質毛巾

為背部長痘痘的患者，通常都有「背部痘痘好像更難治癒」的困擾。經仔細詢問後發現，他們常犯一個毛病：「洗澡時使用尼龍材質的毛巾，用力擦拭背部想要洗淨油脂及髒污」。然而，這樣非但不可能治療痘痘，還會使痘痘加速惡化下去。

當然，「經常保持皮膚的清潔」絕對是預防痘痘所不可或缺的。但不僅是背部或胸前的痘痘，在任何皮膚問題中，只要是以摩擦的方式，都絕對不可能使皮膚好轉的。毛孔中的痘菌也不會因此被清除，反而造成肌膚莫大的刺激。持續下去，甚至會演變成斑點。

洗澡時，盡量避免使用尼龍毛巾或身體按摩刷這類產品，使用一般的棉質毛巾即可。切記不能過度摩擦、搓揉肌膚，必須輕柔地清洗。另外，最好不要使用沐浴乳，改用一般的肥皂洗澡清潔。

再者，請勿在背部及胸前長痘痘的部份塗抹身體乳液，因為多餘的油份會加速痘痘惡化。

由於殘留在肌膚上的洗髮精、潤絲精很容易造成肌膚刺激，因此洗澡時應該從先洗頭開始，並在洗髮、潤絲等頭髮護理之後，再做身體清潔。

於早晚洗澡後，穿著木棉材質的內衣將肌膚的刺激性降到最低

出乎意料的好像有許多人並不清楚，其實「流汗及衣物的刺激，都會使背部及胸口的痘痘更加惡化」。因此，最好能在早晚各洗一次澡，夏天時要經常留意將身上的汗水擦拭乾淨。光是這樣就能大幅改善痘痘情況喔！除此之外，身上穿著的衣物盡量以木棉材質…等吸水性強、觸感柔軟的衣服為主。千萬不能忽視衣服的影響性，也經常發生有人穿著感到刺刺的針織類衣服後，痘痘不斷增加的情況。

粉狀的粉底最適合痘痘肌膚的人使用

踏入社會後才冒出的痘痘與其說是化妝的關係，不如說是壓力造成的

我經常聽到有人說：「自從進入社會開始上班後，因為每天都一定要化妝不可，痘痘好像越來越多了……」。雖然很多人都有這種想法，但其實痘痘並非是因化妝關係才造成惡化。男性皮膚科醫生好像很常說一句話：「如果不暫停化妝，痘痘是不會好的。」但是化不化妝與痘痘會不會痊癒之間根本沒有任何直接關聯，也有人從不化妝，但是痘痘情況也不見好轉呀！

「進入社會後才突然冒出痘痘」，可說是最典型的成人面皰。但很少是真的因為化妝關係造成的結果，幾乎都是因生活不規律、或壓力過大…等原因所引起的占大多數。

確實，在皮膚科的教科書中有一個名為「化妝痤瘡」的專業名詞，基本定義為：因不當化妝而造成的痘痘。然而，那是因為以前的化妝品中通常含有過多油脂成份，使用後極易引發痘痘的關係，而最近這個問題已經完全改良過，所謂化妝痤瘡的情形也已經極為少見。

於保濕精華液之後，塗上粉餅或蜜粉

即使如此，我們還是必須謹慎的挑選化妝品才行。如果為了要遮蓋痘痘而使用粉底乳的話，反而會讓痘痘更加惡化喔。特別是油性膚質的人（油脂肌），建議單獨使用妝效薄透的粉餅或蜜粉上妝。

另外，隔離打底的產品也不太適合痘痘肌使用，只需於洗完臉，保濕精華液之後，再直接塗抹粉餅或蜜粉即可。

如果有人認為：「不先使用隔離打底的話，妝容很難持久！」但其實，反而是換掉粉底液改用粉餅上妝，比較容易維持美麗不脫妝的妝容。只需於保濕之後直接按壓上粉餅或蜜粉即可完妝。而最近眾家蜜粉餅不斷推陳出新，質感越來越細緻、服貼，上妝後肌膚自然透亮，效果比想像中好呢。如果覺得痘痘的紅腫非常明顯的話，可以單在痘痘的部份以遮瑕做修飾。

「如果使用痘痘肌膚專用的粉餅會不會比較好呢？」答案是：只要是質感薄透的產品，不論是否為抗痘專用的粉餅都沒有關係。

然而，如果是青春期的痘痘※就另當別論，這時期的痘痘問題很容易因化妝而加倍惡化。相對於成人面皰多為荷爾蒙失調等體內問題所引起，青春期的痘痘則與化妝、保養的影響有極大關聯。

※青春期之痘痘保養（請參考P177）

治療面皰最有效的方法，「預防」勝於「治療」

只要能預防痘痘再次長出來，就是最好的治療

在談論治療痘痘問題之前，我希望大家先知道一個觀念。所謂的「治療痘痘」，並非以治癒已生成的痘痘為目的，而是應該要防止之後再有新的痘痘長出來才對。

經常有患者希望跟我索取「治療痘痘的外用藥膏」，然而事實上，如果是已經生成的痘痘，即使完全置之不理，它也一定會自然痊癒，況且塗抹藥物之後也不會加快痘痘治癒的速度。

痘菌這種細菌※（厭氣菌之一※※）主要是生存在毛孔深處，完全沒有空氣的地方。就連空氣都無法進入的毛孔深處，卻希望透過藥物塗抹的方式使之滲入毛孔內消滅痘菌，光想都覺得是何其困難的事呀。

痘痘會不斷的如雨後春筍般冒出來，代表著體內的均衡生態已經遭到破壞，所以首先我們應該要重新審視自己的生活，如果改變生活習慣之後仍無法抑制痘痘的生長，此時不惜藉助「吃藥」的力量，當務之急必須先調理內在，使之恢復平衡狀態。

荷爾蒙及免疫力恢復正常後，就能抑制新的痘痘再長出來，那麼總有一天痘痘就會自動痊癒了。

※**細菌**

英文學名為bacteria。由單一細胞所生成，構造簡單的生物。細菌具備細胞的構造，也有單一位於細胞中央的核，會經由細胞分裂的過程增生。人類的身體中也存在著許多種細菌，能對人體發揮正面功能的稱為「益菌」，會幫助殺死有害身體的壞菌，而益菌在消滅壞菌的過程中，抗生素是絕對不可或缺的武器。另外，比細菌的構造還要簡單的是病毒；比細菌構造更加複雜的是黴菌…等真菌。值得一提的是，BSE狂牛病傳染源的普粒子蛋白(prion)，其結構甚至比病毒更加簡單，足以造成感染卻無DNA成分，介於生物和生物之間。

※※厭氣菌（請參考P168）

內服「中藥」，從根本治療痘痘

「皮膚病的外塗藥膏」不一定適合每個人

只要皮膚上一長出什麼東西，很多患者一定會立刻要求我能開外用藥膏給他塗抹。包括痘痘在內，當皮膚上出現異物時，一般人往往會覺得「應該要塗抹藥物治療」，我想這也是人之常情。

然而事實上，很多皮膚疾病的外塗藥膏都是沒有效果的。例如：食物過敏引起蕁麻疹的情況，就算從外在塗抹再多藥膏，根本也不具任何意義。痘痘的情況也是如此（尤其是成人面皰），單靠塗抹藥膏是無法完全治癒的。因為痘痘最根本的問題源自於體內荷爾蒙失調所致，因此光靠外在藥物是無法一舉殲滅痘痘。調整生活作息，偶爾藉助中藥調理體質，如果沒有先整頓好內在環境的話，就算塗抹再多藥物也是枉然，痘痘還是會一直長出來，很難徹底根絕。

化膿的痘痘即使塗抹藥膏，也不會加快痊癒速度

另外，對於「超大顆，且持續10天以上都不會消退的痘痘」，大多數人都希望可以藉由藥物早日消除它，然而，其實也只是在白費功夫罷了。在化膿的痘痘上塗抹藥膏，是不可能幫助加快痊癒的

速度。

膿皰型痘痘就跟傷口一樣，人體皮膚的自然治癒力會自動修復受傷的部位。而癒合速度其實就是細胞分裂的速度，因個人體質而異，但越年輕的人修復力越快。就如同小孩子指甲的生長速度比大人快的道理一樣。因此，這個速度快慢並非是藥物可以控制的。又大又腫的膿皰型痘痘，有時候甚至必須花上1個月時間才能癒合。

塗抹痘痘藥最多只能稱得上是輔助性的治療，並不具實質意義。最重要的是導正生活作息並配合中藥的調養，方有成效。

「中藥」可幫助回復荷爾蒙平衡，提高皮膚免疫力

想要從根本改善痘痘問題，最好的辦法是以中藥調理內在體質。中醫治病講

肌膚與中藥

俗話說：「皮膚是內在器官的反射鏡」。每當睡眠不足、身體狀況欠佳時，往往會立刻清楚的呈現在臉上。換句話說，如果身體不健康，肌膚也絕對不可能會好。

中藥的主要作用在於：調理內在平衡，提高身體的自然痊癒力。持續服用中藥治療痘痘時，常常連頭痛、生理痛、便秘等症狀也一併改善，肌膚也變得越來越淨透光滑。

且不同於皮膚科的抗生素物質，待痊癒後，即使已經停止繼續喝中藥，日後也很少會再復發。

有人可能會認為「中藥治療均需一段長時間的療程」，其實如果是治療痘痘的情況，一般不需要花太久時間。快則2星期、慢則一個月不等，就會開始產生療效。

然而如果是異位性皮膚炎…等慢性疾病的話，可能就需要半年～一年的療程。

求根本，幫助平衡荷爾蒙、並提高皮膚免疫力。

一般治療痘痘時，經常使用以下中藥藥方。依個人體質不同做調配，對症下藥，雖然同樣是治療痘痘，但所使用的藥物皆是因人而異。

除了下列這些以外當然還有許多其他的藥方，可將此參考藥方拿到各醫療院所請醫生開處方，這個部份健保有給付，因此價格不會太高。

即使中藥藥性溫和，還是存在著副作用※的可能性，用藥時不可掉以輕心。但是，中藥藥材皆是使用植物製成，且中藥美容的歷史悠久，已經流傳數千年以上仍然屹立不搖，與一般西藥的抗生素物質相比，還是建議使用副作用較少的中藥，對身體負擔也會比較輕。

常用於治療痘痘之中藥成份

●**當歸芍藥散**・・・針對顏面蒼白、虛寒水腫體質，尤有卓效。亦可適用於月經不調者。

●**加味逍遙散**・・・應用於頭痛、肩凝、便秘、易焦慮且有不安全感之患者。所謂的不定愁訴症候群※※。

●**桂枝茯苓丸**・・・主治改善全身血流，活血化瘀。適用於生理期前易肩膀酸痛、焦慮不安，以及生理痛的症狀。

●**荊芥連翹湯**・・・針對全臉肌膚皮脂分泌過剩，易形成小痘痘的人，效果極佳。亦可適用於鼻炎患者。

●**清上防風湯**・・・適用於年輕人、男性長痘痘的情況。或是額頭…等皮脂較多的部位容易冒出紅腫型痘痘的人。

●**十味敗毒湯**・・・非常適合用於一般的皮膚病患者。尤其是在局部所見，背部或臀部易隆起又大又痛的痘痘，其治療效果特別好。但患有便秘的人不適用於此處方，應先改善便秘問題才是。

※**中藥之副作用**

即便是中藥，也會有不合體質的副作用產生。首先，可能會引起腸胃不適的症狀，造成消化不良、腹瀉等副作用。此時只需減少服藥量即可改善。除此之外，諸如：肝臟功能受損、藥疹…等幾乎所有藥物都可能具備的風險，中藥當然也不例外。值得注意的是，有心臟、腎臟方面疾病的人請勿隨便服用成藥，一定要遵照醫師的指示下服藥。

※※**不定愁訴症**

這些症狀包括頭痛、肩頸酸痛、疲倦無力、失眠…等等身體感到輕微的不適，且可能每天的症狀皆不相同。（即不知道自己到底是哪裡不舒服）

除了凹陷型痘疤以外，使用維他命C誘導體效果顯著

認識痘疤的種類，才能對症下藥

一般來說，「痘疤」的種類可大致分為左頁列表中的三種型態。其中「紅色斑痕型」、及「色素沈澱型」的痘疤，能夠透過保養有效淡化，甚至是完全消除。然而非常遺憾的，「凹陷型」痘疤則是完全無法淡化、或消除的。

認識基本的概念後，首先檢查自己臉上的痘疤是屬於何種型態，倘若是能夠以保養方式改善的痘疤，就請趕快開始保養吧！

column

如何成功擠出痘痘呢？

痘痘初期還不嚴重時，只要技巧熟練的透過擠痘棒輕輕壓出，也能使痘痘完全癒合且不留疤痕。基本上痘痘（粉刺；請參考P170）是可以擠的，但如果以指甲去摳的話很容易不小心造成細菌感染，因此最好使用專用的器具輔助（擠痘棒，圓形開孔的金屬棒，一般藥粧店皆有販售）。

假如沒有器具的話，可改以兩根棉花棒替代。

於洗完澡肌膚較為柔軟且乾淨的狀態下，輕輕的壓出痘痘，如果無法順利擠出時千萬不可使力硬擠，應立即停手。有一些皮膚科也附設有擠粉刺的治療，不妨詢問看看。

切記，如果是紅腫發炎的痘痘，請絕對不要用手去觸摸，以免造成發炎擴大。

痘疤種類

紅色斑痕型

原本長痘痘的地方，因為細胞發炎引起血管擴張紅腫，但是痘痘消下去後血管並沒有馬上縮回去，形成了一個個平平紅紅的暫時性紅斑。痘痘好了之後皮膚卻留下紅色疤痕，遲遲無法消退，讓人以為是痘痘還沒完全好呢，實在相當礙眼。

但是，它也並非是一輩子都無法消除，只是需要一段很長的時間，可能需要幾年時間也說不一定。（通常為2～3年，長則約莫5年）因此，嚴格來說，這種類型並不包含在痘疤的範圍內，畢竟只有無法自然消退的我們才會稱之為「疤痕」。

但是，一定要做到確實防曬，才能控制情況不再惡化。

此外，為了早日消除紅色痕跡，可使用含有維他命C誘導體成份的化妝品保養、或做維他命C導入，效果十分明顯。

色素沈澱型

痘痘發炎後的紅腫，極有可能轉變為茶褐色斑點，亦即典型的發炎性色素沈澱（請參考P143）。一般會隨著時間慢慢消失，只是需要耐心等上個一年半載，但也有可能到最後始終都無法消退的情況。再加上如果防曬不周全，便很容易惡化，因此必須要配合嚴格的防曬措施。

可使用美白化妝品保養，幫助淡化；或是由專業醫生施行果酸換膚治療，快速改善。

凹陷型

所謂的「月球表面」，指的就是這一類型痘疤。非常遺憾的，已經留下無法自然痊癒的疤痕。當發炎的痘痘不斷惡化且波及到毛孔四周，就很可能形成凹洞型疤痕。

這是由於毛孔一旦遭到破壞後，幾乎難以復原再生，且因真皮的塌陷最後往往還會留下凹洞。而凹洞疤痕較常見於易發炎體質、以及皮膚較厚的人身上。

不妨嘗試透過專業醫師進行果酸換膚療程，即使無法完全治癒，一般也能獲得不錯的改善效果。

是否會形成痘疤，取決於個人的膚質及體質

長痘痘時，大家一定最擔心「會不會留疤」的問題吧?!有不少人在青春期留下的痘疤，甚至一直到了長大之後都還是看得出來呢！

關於痘疤的問題，很多人都說「千萬不能擠，否則會留疤」，然而這個說法也不能說是完全正確。如果使用青春棒等道具輔助，以正確的方法擠出痘痘，也能使痘痘癒合後完全不留下疤痕。更何況，就算不曾擠它卻依舊留下疤痕的，可說是大有人在。

會不會留疤，其實大半部份是取決於個人原本的體質與膚質。

痘痘越往下發展（持續惡化），不用說當然是越容易留疤。然而要進展到何種階段，也是相當因人而異。有人的痘痘一般只到達初期面皰階段（粉刺。請參考P170）就會自動消退，也有人的情況是粉刺中的一部分會出現化膿。痘痘一旦開始展開攻勢，往往會一發不可收拾，甚至可能演變成結節型痘痘（請參考P171）的階段。但說到底，要進展到哪個階段，最主要還是決定於個人的免疫力。

除此之外，每個人的肌膚自癒力也不盡相同，對於是否會形成痘疤也都具有極大影響性。例如：形成發炎性痘痘（請參考P171）的情況，有人在癒合後幾乎沒有留疤、卻也有人會殘留些許的凹凸、斑點。其中，特別是男性的肌膚較厚，則屬容易留疤的類型。

如果是天生屬於容易留疤類型的人，為了避免疤痕繼續增加，應盡早開始治療，效果會越好。

column

『吉木醫師的美肌生活』

東方醫學對於美容及健康的貢獻

經常有人對我說：「醫生你看起來總是這麼忙碌，但卻不見你因過度勞累而倒下～真了不起！」我在想原因可能不只是我身體的根基打得很穩固，多少應該也與我學習過東洋醫學，知道一些保持健康的秘訣有關吧！

中醫以「預防勝於治療」的觀念為基本宗旨。所謂的疾病，並不是在某天就突然發病的，正常的情況下應該都會有一些事前的徵兆（感染病除外）。不知道為什麼總覺得身體狀況不太好、好像有一點生病的傾向時，即可盡早採取適當的防護措施，先發制勝減少疾病的產生。

例如，當感到四肢無力、頭昏沉沉的時候，極有可能是因為身體內囤積過多多餘的水分所造成（中醫稱之為「水毒」狀態）。另外，總是提不起勁、下午過後更是昏昏欲睡時，可能代表著正陷於因過勞引起的「氣虛」★狀態中。

水毒的情況應注意保暖，並適量的運動；氣虛的情況則要減輕腸胃的負擔，安靜修養一段時間。諸如此類的方法，及早採取預防措施就能使身體迅速復原。

儘管是連疾病都稱不上的輕微不適感，在東洋醫學中也是備受重視。不論是對於身體健康、還是肌膚著想，當然也都是非常重要的元素。

值得慶幸的是，因為自己稍微懂一些中醫知識，因此更能夠提供病患豐富且多元化的生活指導。當發現患者的不適徵狀，能夠適時給予「最好經常攝取易消化的溫熱食物喔…」這種實質的建議。

在西洋醫學中，醫生的職責往往只有診斷、開藥如此而已。相較之下，東洋醫學更能夠針對患者的情形一一仔細解析及對應。

中醫流傳至今的深奧智慧，相信對於患者本身日後的健康管理也會發揮很大的幫助。

★水毒及氣虛．．．

由中醫的觀點來看，人的身體是由「氣」、「血」、「水」三個要素組成。

氣如同生命的能量，缺乏時會造成氣虛；血則如同血液，負責傳送養分至身體各個部位，一旦停滯（即為血液循環不良）肌膚會變得相當粗糙；水則為身體中的水分，當身體內的水氣累積過多會造成水毒，容易感到虛冷、浮腫。

必須維持氣、血、水的平衡，當發現有不對勁時提早做修正，預防絕對勝於治療。

面皰常用藥物

常用治療痘痘之口服藥及外用藥，介紹如下。

I 口服藥

中藥的部份詳細請見P194頁中的介紹。而下列4、5、6的藥物雖然在歐美地區十分常見，但在國內幾乎很少人使用。由於歐美人可能受先天條件的影響，較容易轉為重症型痘痘，且不懂得如何使用中藥，因此迫不得已會搭配一些作用較強烈的藥物治療。然而，作用較強的藥物就比較有效嗎？也並非完全如此。

1 維生素

基本上以維生素B2、B6為主。兩者皆具備抑制皮脂分泌的作用，身體一旦缺乏時將很容易冒出痘痘。但是，如果原本就不缺乏的人，即使補充再多，對於治療痘痘也沒有任何幫助。只要維持正常的飲食習慣，這類維生素很少會有不足的情況。據我所知有些醫療院所會選擇用維生素C治療，但與其說是治療痘痘，倒不如說是以預防因痘痘引起的色素沉澱為目的。而皮膚科處方的維生素劑與一般市售的維生素劑之間，除了皮膚科的藥物用量多了一點之外，基本上是屬於同種物品。

2 抗生素

一直以來都是皮膚科治療痘痘的主要口服藥，目的在於消滅痘菌。但是，痘菌原本就屬於皮膚常在菌的之一，再怎麼殺菌也沒完沒了。因此，假使服用抗生素後痘痘好了，可是只要一停用藥物，就會立刻打回原形。如果沒有恢復皮膚自身的原有抵抗力，基本上都是無濟於事，且長期服用會產生副作用★。一般常用的口服抗生素包括四環黴素類及巨環類抗生素，不僅可發揮殺菌效果，更兼具抗發炎的作用。只吃幾天的話很難發揮效果，至少必須持續使用2週以上。至於其他種類的抗生素即使藥性再強，由於抗菌作用低，對於治療痘痘也沒有效果。

3 荷爾蒙藥物

主要應用於：安定荷爾蒙平衡、降低男性荷爾蒙。然而，使用此藥物不但效果不明顯，且副作用很強。使用藥物任意降低、提高荷爾蒙是相當危險的行為，很容易造成身體的危害。順帶一提，荷爾蒙劑不包含在健保給付範圍內。

4 抗滴蟲藥物

採用消滅「滴蟲（Trichomonas）」專用之殺菌藥物（抗生素Metronidazole）。痘痘問題與滴蟲症之間無任何直接關係，只是此藥物（與抗生素相同）除了具有殺菌效果之外，亦有消炎的作用。然而，實際上對於痘痘的治療效果如何尚不明確，且比抗生素的副作用還要強，一般不會輕易使用到此藥物，唯有在試過許多抗生素後皆宣告無效的重症型痘痘患者才有需要。

5 維他命A誘導體

為由維他命A當中轉化而成的一種衍生物「視黃醇（retinoid）類」藥物。作用在於調節皮膚角化，防止因毛囊漏斗部的角化而形成面皰。但是，維他命A會造成肝臟相當大的負擔，孕婦過量攝取會引致胎兒發育畸形的副作用，一定要特別小心。

6 保鉀利尿劑蘇拉通（Spironolactone）

具有抑制男性荷爾蒙的作用，但可能會造成腎臟的副作用。國內醫生主要將它作為利尿劑使用。

II 外塗藥物

治療痘痘的常用外塗藥膏物大致有三種類型：①殺菌成份（抗生素）②角質溶解作用③消炎作用。由於長痘痘時的毛孔幾乎是處於封閉的狀態，因此首先必須使用角質溶解成份的藥物幫助張開毛孔。在歐美地區主要是使用此角質溶解藥物為主。至於國內，痘痘形成的主因多半被認為與痘菌相關，因此較常使用殺菌成份的藥物。當然也能夠同時併用角質溶解成份與抗菌藥物，採用此療法時由於殺菌成份很容易滲透到毛孔內，大幅提高療效，但相對的也增加過敏的可能性。此外，使用角質溶解成份的話不僅是毛孔本身，甚至連毛孔周遭的皮膚角質也會隨之被溶解，破壞角質防禦機能，造成斑點、搔癢症狀。角質溶解成份雖然效果很好，但風險也比較高，很可能因操作不當而引發後遺症。因此，皮膚敏感的人最好不要輕易嘗試。應至美容皮膚科診所根據醫生處方用藥，並定期回診，一邊觀察皮膚狀況，一邊衡量是否適合繼續用藥。

在此，我將針對在皮膚科、藥局、海外實際會使用的外塗藥物種類，分別做介紹說明。另外，有些美容的小診所可能會私自引進一些歐美地區的處方藥物，並自行在國內製造出一樣的東西後使用，請特別注意。

■皮膚科處方外塗藥物（適用於健保）

1 含有抗生素之藥物

具有乳液、化妝水、凝膠…等不同型態。不像口服抗生素一樣會引起副作用，因此可安心使用。然而，由於外用藥膏難以滲透至毛孔中被吸收，因此與口服藥物相比，效果有明顯落差。

2 含有硫磺成份之藥物

具有抑制皮脂分泌、柔軟角質層、防止毛孔阻塞（角質溶解作用）、殺菌…等功效，從以前開始就經常被應用於治療痘痘之上。然而，它只對於青春期、T字部位的痘痘才具有顯著效果，如果是類似長在嘴巴四周的成人痘則反而很容易引起肌膚乾燥、粗糙…等情形。

3 消炎作用之藥物

一般使用伊普（ibuprofen）這種具有抗發炎作用的藥物，但效果較微弱。

■市售外塗藥物

1 含有間苯二酚（Resorcin）成份之藥物

常見治療痘痘之藥物，具有消炎作用。但很容易引起過敏症狀，請特別注意。

2 含有甘醇酸成份之藥物

為果酸的一種。具有角質溶解作用，常添加於面膜、擦拭型化妝水、肥皂…之中，製成商品販售。但很容易造成肌膚乾燥，請特別注意。

3 其他藥物

一般治療痘痘的市售藥物、抗痘化妝品中經常添加含有少量硫磺成份、各種殺菌．消炎效果的成份，對肌膚的刺激性很強，請特別注意。

■海外常用藥物

1 含有A酸之藥物

為維他命A誘導體，亦是「視黃醇(retinoid)類」藥物的一種。具有角質溶解作用及抗發炎作用，治療痘痘的效果極佳，但是非常容易引起過敏症狀，使用上需特別注意。當過量維他命A進入血液中時會導致胎兒畸形、發育不健全，即使是外塗藥物也是一樣，在懷孕期間應避免使用。

2 含有過氧化苯之藥物

同樣是屬於角質溶解作用，作為預防毛孔阻塞之用途，但容易引起過敏現象。此外，雖尚未得到證實，但據說具有可疑的致癌性因子。

3 含有杜鵑花酸之藥物

具有角質溶解、及美白作用，但濃度過高容易引起過敏。

4 保鉀利尿劑之外塗藥物(ALADACTONE)

具有干擾雄性激素的作用，但塗在皮膚上的穩定性、吸收性皆不佳，因此效果十分有限。

5 含有水楊酸之藥物

果酸的一種，具有角質溶解作用。然而國內外規定使用在化妝品中，其添加比例不得超過0.2％，因此無法充分發揮效果。有些醫療院所會引進國外的水楊酸處方藥物，並自行調配合適的比例添加入處方中。與水果酸、甘醇酸相比，最大的優點在於不易引起肌膚粗糙，且由於是脂溶性物質，對於毛孔的滲透性極佳。

★抗生素物質的副作用

一般口服抗生素引起之副作用，較常見的有下列幾種。（不僅是治療痘痘用的抗生素，其他如治療感冒時的抗生素也可能引起相同的副作用。）

①腹瀉、便秘…使用口服抗生素殺菌時，可能連腸內的益菌也一併被消滅，細菌大肆破壞腸內環境，因此造成排便異常。其中以腹瀉較為常見，但也有人反而會產生便秘的副作用。與整腸藥一起服用即可改善。

②頭痛、頭暈…尤其是一種治療痘痘時使用的脂溶性四環黴素，經常引發頭暈症狀。如果頭暈的情況持續未改善，應立即更換此處方藥物。

③日光過敏症…服用抗生素後，經日光照射可能會引起日光蕁麻疹的症狀。此時，若將藥物改至晚上服用仍然無法預防的話，應立即更換此處方藥物。

④陰道念珠菌感染…服用抗生素而干擾陰道的善益菌生態平衡，導致念珠菌異常增生，造成疾病。念珠菌感染最常見的症狀為：陰道產生酒渣樣的白帶，陰道搔癢難耐有燒灼感。這是抗生素最普遍的副作用，因此即使替換成別種的抗生素也毫無意義（全部的抗生素皆可能引起此副作用），唯有停止服用抗生素藥物做治療，或是一方面進行念珠菌感染的治療，一面繼續服用抗生素（患者經過藥物（念珠菌之殺菌藥物）治療後，症狀大約4~5天就能改善或消失）。感染念珠菌期間請停止一切性行為。然而念珠菌感染除了是因為服用抗生素的關係之外，當過度疲勞、免疫力下降時也可能會發生，而容易便秘的人腸內存在有許多念珠菌，容易提高經由直腸肛門傳染而來的風險。（請參考P240）

⑤肝臟受損…可能引發「藥物性肝炎」的副作用。然而容易引起此症狀的藥物不只是抗生素，包括：止痛藥、感冒藥在內，基本上大部分的藥物都可能會造成肝臟受損。因此，如果必須長期服用抗生素的情況下，最好定期接受肝功能檢查。若是真的引起肝臟疾病時，只要盡早發現並立即停用抗生素，痊癒的機會很大。但是，如果發現的時間過晚，恐怕就需要入院接受長期治療。

⑥藥疹…

因服用抗生素引起的過敏，可能會出現如：蕁麻疹、麻疹等小疹子。如果立即停用藥物仍有過敏的現象時，則必須進行過敏治療。此外，這也是一般其他藥物，普遍容易引發的副作用之一。

●發炎

非常耳熟能詳的一句話，但卻有很多人不明白它的真正涵義。如果以醫學角度解釋的話可能過於深奧，簡單來說，如果由「炎」這個字來聯想，應該就不難想像是一種「發紅、發熱，腫脹的狀態」。事實上造成皮膚發炎的原因有很多種可能性，與細菌大戰一場之後也會產生發炎、碰撞後的腫脹也是發炎的一種。在全身各個部位皆有可能引起發炎，例如：感冒時喉嚨痛、牙痛造成的臉腫、盲腸炎（闌尾炎）…等，皆屬發炎的實際情況。

毛孔・體毛

毛孔阻塞・粗大、剃毛・拔毛…等除毛方式

何謂毛孔？體毛？

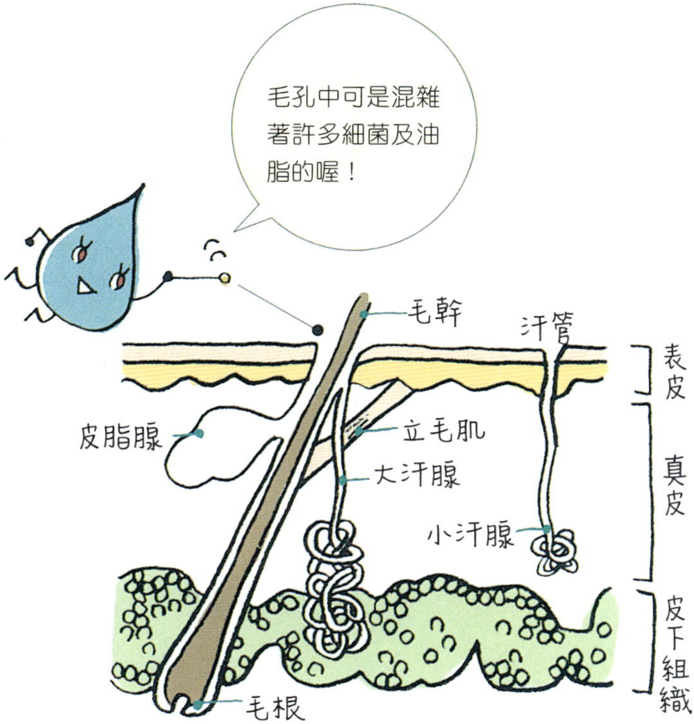

毛孔不思議之1

毛孔存在於皮膚「外層」，因此與表皮一樣包含許多細菌、油脂

毛孔在醫學上的正式名稱為「毛囊」。

毛孔內部的範圍，雖屬於身體的「外在」，然而兩者的關係好比唇齒相依。毛孔的涵義不只是在皮膚中打開一個「孔」，同樣的也是在皮膚上形成一個表皮凹陷的「坑洞」。毛孔壁存在於皮膚上，而毛孔內部包含在皮膚的外層。因為終究屬於外在之物，因此與表皮一樣，常常會有許多雜菌跑到毛孔裡面。

除此之外，由於皮脂腺位於毛孔開口四周，因此毛孔中經常充滿著皮脂。細菌及油脂的混雜物幾乎完全堵住毛孔，使得空氣無法進入。

毛孔並非與皮膚呈現垂直角度，因此毛髮通常是往斜向生長。（眉毛例外，屬於垂直生長型）

毛孔不思議之2

毛孔大小取決於男性荷爾蒙分泌量，亦可說是「遺傳因素」

臉上毛孔的大小，其實主要是由男性荷爾蒙分泌量的多寡而決定。

青春期開始，由於體內性荷爾蒙急劇增加，尤其是男性荷爾蒙是促使皮脂腺長大成熟的關鍵。男性荷爾蒙（即雄性素）會促使皮脂腺口徑增大，刺激皮脂分泌，使毛孔看起相當顯眼，反之如果男性荷爾蒙減少，皮脂腺發育不良，毛孔就會變得不明顯。然而，男性荷爾蒙量的多寡皆與遺傳因素有關，因此甚至可以說是毛孔的大小程度，其實早在出生以前就由遺傳因子做定奪了。

人體全身皮脂腺最為發達的部位為頭部，其次是臉部。如果臉部的毛孔屬於非常明顯的話，間接的影響下，身體的毛孔通常都很細小。

毛髮構造之1

體毛與表皮皆是由角蛋白所組成

頭髮、和體毛，究竟是如何生成的呢？

毛髮與指甲一樣，皆屬於「皮膚附屬器官」，表皮之變形衍生物。包括頭髮、體毛、所有的毛髮皆與表皮一樣，最主要是由一種稱為角蛋白(keratin)的蛋白質構成。

毛髮具有保溫作用（保持人體正常體溫）、及保護作用（例如：緩和來自外界的摩擦）。腋下及跨下之所以會長出體毛，主要也是為了避免肌膚受到過度摩擦。

毛髮循環週期（Hair Cycle）

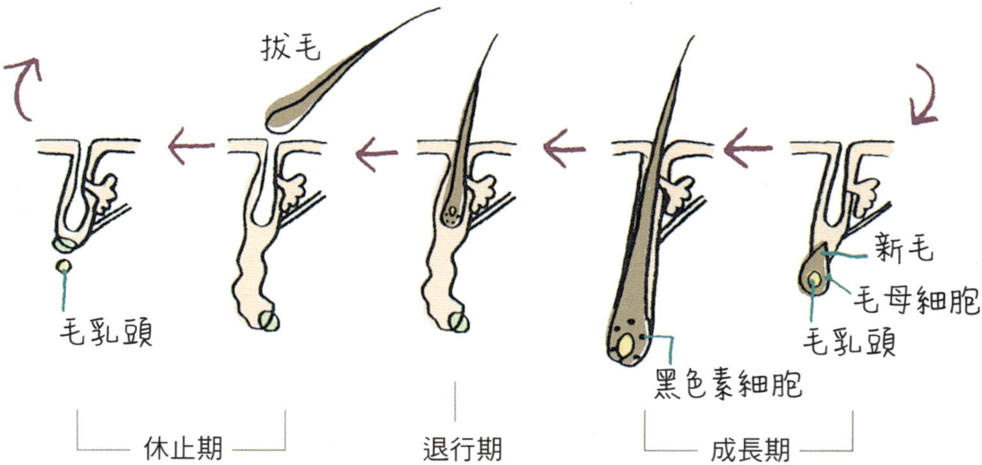

毛髮構造 之2

毛髮的一生可分為生長期、退行期和休止期3階段。

毛髮的生命從毛根部長出開始，並經由毛孔伸展，到達一定的期間後會自然脫落，重新再生。一般將此過程稱之為毛髮循環週期，英文為Hair Cycle。

頭髮從毛囊內長出到脫落，大致分為3個階段，即生長期、退行期和休止期，這3個階段合稱為毛髮循環週期。

成長期間，毛母進行旺盛的細胞分裂活動，毛髮每日不斷延伸。進入退行期時，細胞停止分裂，毛孔收縮。直到休止期，毛孔約縮短為原本的1／3，毛髮最終將會掉落。毛髮的週期結束後毛根會暫時停止一切活動，休息過後在重新返回成長期，開始長出新的毛髮。

毛髮構造之3

腋毛與頭髮因毛髮循環週期不同，生長限度也有所差異

毛髮依生長部位的不同，生長期的時間也有所差異，因此毛髮長度不一。例如腋毛的成長期約為2～3個月，亦即極限大概到2～3個月時，毛髮將不再繼續伸長。因此，即使放任它生長，長度也有一定的限度。

至於頭髮的成長期約有1～3年，當女性蓄長髮時，長度甚至可能會到達跟身高一樣呢！但是男性的頭髮期較女性短，不管再怎麼長也不可能長至腰部（觀察原始人類的繪像，頭髮長度也大致如此）。儘管故意用力拉長它，頭髮長度也不可能改變。順帶一提，眉毛的成長期約為1個月左右。

頭髮的退行期約為2～3週；休止期則為數個月不等。

經過成長期、退行期、休止期：頭髮從生長到脫髮的週期因人而異，並會隨著年齡而改變。年紀增長時，眉毛及鼻毛的毛髮循環週期拉長，因此毛髮也會變長。

全身的毛髮會不斷重複此生命週期，正如你現在所看到的毛髮，有的可能剛從成長期進入到退行期，也或許已經步入休止期即將自然脫落了也說不定。

我們梳頭髮時的掉髮，就是屬於休止期的毛髮。此外，毛髮掉落後，停留在休止期的毛根會暫時藏在皮膚底下休息，因此實際的毛根數量絕對遠比我們眼睛所見的數量還要多。

保持角質層的柔軟，毛孔變得不明顯

毛孔看起來黑黑的，是因為它原本就是個「孔」

「毛孔裡堆積了許多污垢，看起來總是黑黑髒髒的，怎麼辨才好呢？」然而實際上經診治後發現，提出這種問題的患者們的肌膚，很少真正是髒污堵塞住毛孔的情形。毛孔原本就是個「孔徑」，因此就算沒有污垢，應該也會有黑色陰影。與鼻孔外觀看起來泛黑的原理相同。

其中當然也不乏許多是因為皮脂堆積毛孔的情況，但是，皮脂絕對稱不上「髒污」呀！毛孔本來就是為了分泌皮脂而存在的，裡面含有皮脂也是理所當然的事。毛孔會不斷分泌出皮脂，就跟嘴巴中充滿唾液的道理一樣。如果以粉刺貼、面膜…等物品，硬是將皮脂給拔出，毛孔還是會持續產生新的皮脂，完全是白費功夫。就如同我們吐口水，唾液還是會不停被分泌出來的道理一樣。我們無法抑制唾液產生，同樣的，我們也很難透過保養減低皮脂的生成。

毛孔粗大主要是因為角質層肥厚所致，必須控制角質層代謝正常

毛孔看起來黑黑的，又很明顯，這其實也是無可奈何的事。如果真的非常介意，「很想讓毛孔看起來不那麼明顯」的話，唯一的方式就是從「控制角質層」

※果酸換膚（請參考P182～P185）

※※**酵素洗臉法**

一般的洗顏產品通常都是以分解油脂為主，而酵素洗顏產品同時還兼具分解蛋白質的作用。角質細胞是由蛋白質所組成，因此只要使用酵素洗臉，就能充分透過蛋白質分解的酵素去除多餘老廢角質。為了避免使用酵素洗臉時過度剝除角質層，因此千萬不能用力的摩擦肌膚喔！肌膚較脆弱的人，建議一週使用1～2次即可。

著手。

果酸※化妝品、酵素洗顏產品※※都是非常好的保養方法，可幫助清除已經角化的老舊厚重角質。尤其是對付因乾燥引起的角質層肥厚、老化角質堆積在毛孔中造成毛孔堵塞的人，效果相當好。持之以恆的保養，角質層會慢慢變得柔軟許多，毛孔也就不再那麼明顯。

清除厚重角質保養法

果酸

1 全臉沾濕，並將果酸洗顏皂充分起泡。

2 將泡泡覆蓋於臉上毛孔明顯的部位，同時輕輕的按摩以清潔肌膚，最後以溫水將泡泡沖乾淨。

酵素洗顏

1 將酵素洗顏產品倒在手心上，加水溶解起泡。

2 將泡泡覆蓋於臉上毛孔明顯的部位，同時輕輕的按摩以清潔肌膚，最後以溫水將泡泡沖乾淨。

維他命A可有效對抗「鬆弛毛孔」

能幫助預防因老化造成的毛孔粗大

近來，對於「毛孔粗大」問題感到困擾不已的人，急劇增加。翻開雜誌也常常看到與毛孔相關的主題，可以見得這個問題確實讓許多女性感到非常苦惱。甚至可能已經超越斑點問題，躍升肌膚煩惱排行榜的第一名寶座了吧。

然而很可惜的，想要透過肌膚保養來縮小毛孔，幾乎是很難辦到。畢竟皮膚中存在著毛孔，本來就是極為正常的一件事。每個人的毛孔大小都不一樣，就如同頭髮的粗細也是因人而異的道理啊。

「錯誤的清洗方式會造成毛孔粗大」也是以訛傳訛的說法，其實肌膚保養與毛孔粗大之間並無直接關係。我們也不會說膚色黑的人，肯定是清洗方式錯誤才造成肌膚變黑吧!?同理可證。

反倒應該說，將毛孔粗大視為皮膚問題看待，本身就是一個很奇怪的事情！不像斑點就真的是屬於肌膚問題，因此能夠透過保養做預防或改善，但是毛孔粗大與膚色黑或白的問題一樣，都不能稱之為肌膚狀況，因為這些一直都是屬於極其自然且健康的狀態。然而，與生俱來的毛孔大小，卻會隨著老化越張越開，如果盡早做預防措施的話，可是會產生很大的差異喔！

※鬆弛毛孔（請參考P157）

※※**抽煙與肌膚**

抽菸容易讓血管末梢收縮，阻礙血液循環，因而降低血液供應皮膚的養分。長期吸入過量香煙，會導致肌膚老化速度加快。

維他命A及果酸換膚預防鬆弛毛孔

皮膚因老化而漸漸下垂，造成毛孔擴張，一般稱此現象為「鬆弛毛孔※」或「淚型毛孔」（縱長式張開，如同眼淚的形狀）。一旦鬆弛毛孔演變成帶狀毛孔，最後將會形成皺紋。

「鬆弛毛孔」主要是因膠原蛋白遭到破壞，造成毛孔壁支撐結構不足，所出現鬆弛、下垂的狀態。因此，當務之急就是努力防止膠原蛋白流失。口服的膠原蛋白不會被肌膚吸收，但是透過維他命A或果酸成份：保養之後，對於維持膠原蛋白卻具有一定的功用。當然，保持正常的生活作息也是相當重要的關鍵。除此之外，據說每天抽一包以上香煙的人，毛孔擴張的速度比實際年齡更快※※。

凡是與除毛有關的行為，肯定會傷害肌膚

除毛造成的傷害，可能持續3年以上都無法消退

「去除毛髮之行為，統稱為「除毛」。除毛的方式有很多種，依類型的不同，可能造成的傷害也不一樣。

經常有人問我：「肌膚較脆弱的人，應該使用哪種方法除毛呢？」然而實際上，凡是除毛的動作肯定都會傷害肌膚，所以並沒有任何「可推薦的方法」。唯有讓毛髮自由自在的生長才是最自然且健康的方法，更何況，就目前的技術而言，根本沒有辦法做到健康除毛而不傷肌膚的。

當然，以社會的眼光來看，我們不可能就這樣放任腋毛…等毛髮自由生長，所以我也沒辦法說出建議大家不要除毛之類的違心之論。但我希望的是，每個人都必須要有心理準備，其實這樣的行為是會帶給肌膚一定的傷害。

因為我下面要說的事情是非常嚴肅的話題，我必須再次重申有關除毛的危險性，以及除毛的行為可能會牽涉到多少衍生的問題。我舉一個實例來說，有人在夏天時使用過一次背部蜜蠟除毛※之後，結果卻造成整個背部長滿斑點，往後3年內都不敢再露出背部肌膚呢。

※ **除毛**
將多餘的毛髮去除之行為，稱之為除毛。並沒有嚴格的定義，一般諸如：脫毛蠟、除毛機、雷射…等方法皆可歸類為除毛行為。

※※ 毛母細胞（請參考P208）

※※※ **瘢痕**
醫學上將傷口、痘疤稱之為「瘢痕」。一般我們所說的「殘留傷痕」，在日常生活用語中解釋為「痕跡」，醫學用語則解釋為「瘢痕」。

「拔毛」對肌膚的傷害遠大於「剃毛」

最普遍的除毛法大致有「剃毛」及「拔毛」兩種方式。雖然各自有其優缺點，但相較之下還是拔毛法（拔除毛髮）對於肌膚的負擔較大。拔毛的方式確實會比剃毛來得乾淨，看起來也清爽，且可以減慢毛髮再生的速度。但是，它對肌膚的傷害性非同小可，畢竟所謂的「拔」，意味著將皮膚中的一部分連根剷除。毛髮是由毛根中的毛母細胞所孕育成長的，必須透過血管將氧氣及營養送至毛母細胞※※，才得以順利進行細胞分裂。簡而言之，都是托毛根的福，毛髮才能繼續生長。而我們將成長期的毛拔除，這個動作，等於是活生生將一個細胞撕裂。因此，當然會感到疼痛、甚至是流血（毛孔深處或多或少都會出血，只是表面看不出來）。毛孔中本來就

●除毛後的皮膚問題

①毛囊炎・・・
毛囊化膿，引起發炎的症狀。與痘痘的情況大致相同，只是臉上的發炎稱之為「痘痘」；而身體上的發炎稱之為「毛囊炎」。

②發炎性色素沈澱・・・
毛囊發炎後會殘留下疤痕或斑點。（請參考P143）

③埋沒毛・・・
因拔毛造成的毛孔傷害，毛囊雖沒有被完全破壞，但表面傷口治癒後的同時毛孔會產生封閉，所以再生的毛髮無法正常順利地穿出毛孔，呈現埋在裡面的狀態。置之不理的話往往會化膿而引起毛囊炎。有的人可能會將埋沒毛挑出來，然後又再次拔除，而再生的毛髮又會再度變成埋沒毛……。陷入無止盡的惡性循環之中。

④瘢痕化※※※・・・
受傷後，身體會自行修復並長出新的皮膚。此新生皮膚則稱之為瘢痕。瘢痕會比原本的皮膚還要硬，如果不斷的繼續拔毛，則等於是反覆的傷害肌膚，瘢痕會變得越來越硬。結果可能演變成皮膚不平整、或長出疙瘩。

存在許多細菌，由於這個被撕裂的部份正在受傷，細菌得以趁虛而入，從這個地方大舉進攻皮膚。因此，可能造成下列幾種肌膚問題。

為了除毛而傷害肌膚，豈不是賠了夫人又折兵嗎?!很多女生雖然心裡明白這個嚴重性，可是好像還是會以錯誤方法胡亂地做除毛。

對於化妝品一定要講究使用無添加產品，如此慎重，但同樣都是肌膚，卻不花心思顧及到除毛的問題。有人可能會認為不是在臉上所以沒關係，但其實反倒是身體部份只要一受傷就很難痊癒，且留下的斑點至少會持續3年以上都無法消退。

為了將除毛的傷害降至最低，除毛時請遵照P218～219中的建議事項。在了解各種除毛方法的利弊關係之後，謹慎的從中挑選出適合自己的方法吧！

所謂「多餘毛髮」，指的是…？

身體上的毛髮，絕對是有其必要性才會生長出來，因此以醫學的角度來看，人體根本不存在所謂的「多餘毛髮」。但是基於美觀、及文化性的各種因素，我們將「不存在比較好」的毛髮皆稱之為「多餘毛髮」。

在此所說的文化性，意思是：每個國家對於毛髮的觀念皆不相同之文化差異。例如：在中國人的觀念中，女性不一定非得除去腋毛不可。另外，如同大家都知道的，在阿拉伯國家的男性不刮鬍子。而在日本的江戶時代，將要結婚的女性是必須將眉毛剃除的，當時人們似乎將眉毛視為多餘的毛髮看待。

最近愛美人士對於「除去多餘毛髮」的標準好像越來越嚴苛，但是人類又不是兩棲類動物，身上如果完全沒有雜毛不是很奇怪的一件事嗎？況且，因除毛造成的斑點問題是非常難以治癒的。懇請各位以更慎重的心態看待除毛事宜。

除毛前請先將皮膚溫熱，除毛後再做冷卻

請在身體狀況良好時進行除毛 剛洗完澡時是最佳時機

凡是除毛的動作，肯定都會帶給肌膚莫大的負擔，除毛前請務必參考以下幾點注意事項。不論使用何種道具，不論是「剃除」或「拔除」，一定要將下列事項謹記在心。

①除毛前必須徹底清潔皮膚

在欲除毛的部位，以肥皂徹底清洗肌膚。細菌恐怕會從除毛的部位侵入肌膚中，為了不讓細菌有機可乘，必須提早做防範準備。雖然無法完全清除毛孔中的殘留細菌，但清洗的過程中可減少皮膚表面上大部分的雜菌。

②請先溫熱肌膚

由於皮膚及毛髮主要是由一種稱為角蛋白(keratin)的蛋白質所構成。此成份在溫度下降時，會產生硬化。因此，冬天的時候請先用肥皂洗過，並取熱毛巾熱敷一段時間，使肌膚充分溫熱後再做除毛；或是在洗完澡後，趁皮膚及毛髮尚呈現柔軟狀態時，把握時間做除毛。

③除毛後充分冷卻

除毛後用冷毛巾敷在除毛的部位一段時間，以鎮靜、舒緩肌膚發炎症狀。

④身體不適時請勿除毛

皮膚的免疫力會隨著身體健康狀態而產生變化，因此當健康不佳時，除毛部位的傷口癒合速度會較為緩慢。除此之外，還會提高細菌感染而使傷口化膿的可能性。生理期前、感冒前兆、睡眠不足的情況下，請盡量避免除毛。生理期過後的一星期左右再做除毛會比較適合。

電動刮刀、安全刮刀哪種比較好呢？請先試用過後再決定

剃毛後肌膚容易乾燥的人較適合使用電動刮刀

剃除毛髮的行為簡稱之「剃毛」。相較於拔毛法是將整個毛根連根拔起，剃毛對於肌膚的負擔較小，且最大的優點在於它不花時間、金錢，非常簡單快速。

但是，剃毛有可能會引起肌膚過敏的現象，因此，為防止肌膚受傷，首先必須找出適合自己的剃刀工具。

剃刀可分為兩種類型：T字型的「安全刮刀」與電動式的「電動刮刀」。

安全剃刀是用手動的方式去除毛髮，電動刮刀則類似男性的電動刮鬍刀，將毛孔中的毛髮拉出後切斷，雖然剃得深可是很容易不小心割傷皮膚，有時會造成流血的狀況。

電動刮刀的表面看不到刀片，乍看之下好像很容易操作，但卻不如自己親手清除來得仔細。

至於應該選擇哪一種會比較好呢，我認為應該親自試用過後再決定。但如果是剃毛後肌膚容易乾燥發癢的人，應該會比較適合電動式。而毛孔容易起一點一點類似雞皮疙瘩的人，使用剃得較深入的電動刮刀可能會傷害肌膚，最好使用安全剃刀。

除毛前請先塗抹大量的乳液，避免無謂的摩擦。除此之外，逆刮的方式很容易割傷肌膚，請盡量避免。

LOCK
OPEN

若使用安全刮刀除過手毛或腳毛之後，請立即更換刀片

聽到這樣，一定很多人會問：「有需要更換得如此頻繁嗎？」

然而，刀片本身其實就是傷害力極大的物品。就拿醫療用的手術刀來說好了，在手術過程中也是一定要更換過好幾次才行！當刀片磨損變鈍、且刀鋒已經出現凹凸不平的紋路，如果再將它使用於嬌嫩的肌膚上，豈不是會帶給肌膚雙重傷害?!使用磨鈍的刀片除毛往往會因為很難刮得乾淨，結果一不小心用力過猛傷害肌膚，簡直是得不償失。因此，唯有使用俐落的高質感刀片，順著肌膚弧度流暢地除去雜毛，才是最不傷肌膚的剃毛法。

使用高質感的刀片，順暢的除毛

安全刮刀有兩種類型，其一為使用完立即丟棄的拋棄式刮刀，另一種則是可替換刀片的重複使用型刮刀。相比之下，重複使用型的刀片品質會比較良好。為了防止有人因橫向刮毛而割傷皮膚，刀片上必須再加一道安全防護、或是為提昇使用上的流暢度，刀片上多覆蓋一層膜層的…，可以依此作為選擇優良刮刀的基準。

另外還有一個重點：必須勤於更換刀片，降低肌膚傷害性。如果刮刀已經用來刮過手腳的話，就應該更換刀片了。

認識各種工具的優缺點

與其選擇拿起來順手的道具，更應該以「適不適合肌膚」為主要考量

自己拔毛時，最常使用的方法大多為：「拔毛夾」「脫毛蠟」「貼布除毛」「家用除毛機」。請充分了解各自的優缺點後，從中挑選出最適合自己的方式吧！

同樣的，除毛時請不要忘記參考P218～219的相關注意事項喔！除毛本身具備相當程度的風險，然而不管如何也只能由自己承擔，因此更需要處處小心。

美容中心與醫療機構除毛之差異

「一般的美容中心與皮膚科診所（醫療機構）的除毛方法，到底差別在哪呢？」、「應該在哪邊做除毛比較好呢？」…等等，我經常被問到這類的問題。其實嚴格說來，美容中心附設永久除毛的項目，原本就是屬於非法的行為。雷射歸屬於醫療器材，在美容中心使用的話當然不在合法範圍內，即使是電針除毛法也一樣，因為使用到針也算是一種醫療行為。

但是，眾所皆知，在國內卻有許多美容中心會公然打起永久除毛的廣告。

就算在美容沙龍中心做除毛是非法的行為，但只要沒有實際的受害者出面現身說法，衛生局的人員也不會去稽查或勸導。其中一定也有些美容中心確實是接受過專業訓練、且極為注重衛生條件的模範業者，但是，不良業者的美容中心也是為數不少。請注意：不要一開始就簽下高額的契約、不要一次大範圍的手術、當發現皮膚有不對勁的時候請立即就醫檢查…等，一定要銘記在心。

各種拔毛工具之特徵

拔毛

使用方法

使用拔毛夾將毛一根根拔除。

特徵

非常耗時，且衍生的問題案例出乎意料的多。如果一直以拔毛的方式拔除腋毛的話，會造成皮膚硬化（瘢痕化），有時在拔的過程中很容易抽筋。除此之外，也可能會演變成埋沒毛（請參考Ｐ215）、或斑點的狀況。只要觀察皮膚狀況，就不難判斷出這個人平時是使用拔毛的方式、還是刮除的方式做除毛的。光以肌膚受損的程度來看，幾乎是一目了然。

貼布

使用方法

將貼布貼於皮膚上，撕下的同時可達到除毛效果。

特徵

雖然一次可拔除數量很多的毛髮，但是卻會衍生出許多問題。會出現像痘痘般的膿皰，甚至可能形成斑點。不同於脫毛蠟，它在撕除的時候會連同角質一併剝掉，使皮膚表面嚴重受損。

優點是便利性極高，但我奉勸肌膚脆弱的人最好不要輕易嘗試。

脫毛蠟

使用方法

將溫熱的脫毛蠟（ＷＡＸ）塗在皮膚上，待冷卻固化後連同毛髮一併剝下。

特徵

雖然同樣都是拔毛，但比起使用拔毛夾來的溫和許多，並能減少對肌膚的負擔。脫毛蠟會使肌膚產生溫熱感，且蠟的密閉性極高，比敷熱毛巾的效果還要好，更能深入毛孔裡層軟化角質，因此對肌膚的傷害性較低。

此外，它與蜜蠟脫毛的原理一樣，皆具有良好保濕效果，除毛後可保持肌膚水嫩滋潤，最大的優點是就連細小的汗毛都能夠一次拔除，因此不少人會在夏天來臨之前做一次全身脫毛蠟護理。

但是即使它對肌膚的刺激性較低，終究還是屬於拔毛的一種，因此問題事件亦不在少數。可能引起類似痘痘般的發炎症狀，演變成發炎性色素沈澱（請參考Ｐ215）的後果。脫毛蠟的好處是可以一次大範圍除毛，然而一旦形成斑點的話，受害範圍也是涵蓋廣大範圍。

雖然說不親自試用看看的話無從得知到底適不適合，但也是有人一開始在腳上試過沒問題，之後試在背部時卻產生一大片斑點的情況，也就是說，我們根本沒法預測後果將會如何。

脫毛蠟的使用幾乎可說是沒有技巧可言，因此並不是在風評佳的美容中心做脫毛蠟就一定不會產生問題。會不會形成斑點，總歸而言還是依個人體質、健康狀態而定。

家庭用除毛機

使用方法

利用電動除毛機拔除毛髮。

特徵

除毛機乃是利用熱能導入的原理，除毛之餘，還會將熱能傳導進去，一面壓住毛髮四周的皮膚，破壞毛囊的同時進行拔除。比起使用除毛夾拔毛的方式溫和，對肌膚的刺激性較低，然而，切斷毛根的原理依然沒有改變，因此容易引發毛囊炎（請參考Ｐ215）。切記！任何有關拔毛的動作一定要遵守（Ｐ218～219）的注意事項。

有業者號稱「使用家用除毛機就不必到醫院做永久除毛，在家裡ＤＩＹ也可以達到一樣的效果」，是絕對不可能的事。拔除的毛髮肯定會再長回來，時間早晚的問題。也有業者打出「家用雷射除毛機，輕鬆完成永久除毛」的廣告，但是雷射治療只有在醫療機構才能使用，不可能製成家庭用品販賣。

技術純熟的永久除毛，徹底破壞毛髮的再生能力

可分為：雷射除毛與電針除毛兩種類

經常有人問我：「如果接受永久除毛手術，毛髮真的一輩子都不會再長出來嗎？」許多醫療院所及美容機構皆有附設永久除毛的療程，只要接受技術純熟的永久除毛術，絕對能夠達到毛髮不再生長的目的。再也不必自己動手除毛，也能永遠遠離過敏、毛囊炎※…等除毛引起的後遺症。對於肌膚脆弱的人而言，與其因一再重複剃毛、拔毛的行為，而漸漸陷入難以挽救的斑點問題漩渦中，接受永久除毛術或許是更好的選擇。

永久除毛手術大致可分為：「雷射除毛」，以及「電針除毛」兩大類。

「雷射除毛」的疼痛感較低　膚質不同也會影響治療的成效

雷射除毛是利用特殊波長的雷射光穿過表皮，破壞燒毀毛母細胞※※（製造毛髮的細胞）的一種除毛法。優勢在於比起電針除毛的方式已經大幅減少疼痛感，在治療前可先將治療部位之毛髮剔除乾淨，不需要留太長。但是，以下情況不適合做雷射除毛，像是皮膚對光感受性較強、膚色較黑的人，這些人在照射雷射光線後很容易灼傷皮膚，應盡量避免。

大概在近10年以來，雷射除毛才開始

※毛囊炎（請參考P215）

※※毛母細胞（請參考P208）

廣受大眾歡迎，人氣居高不下。然而對於國內而言仍然算是較新穎的技術，事實上以現狀來看，並無法斷言雷射手術是否真正能夠完全達成永久除毛的效果。這是因為國人在嘗試後經常發生「雷射光太強容易灼傷、太弱沒有效果」※※※的問題。

當然只要膚質合適的話，就能達到非常優越的除毛效果。有許多成功的案例顯示，通常透過幾次療程後，好幾年內毛髮已經幾乎不再復發。但是不管怎麼說，醫生也是一邊從中摸索學習、一邊替病人進行雷射手術，請大家事前必須要有這點認知。

「電針除毛」耗時較久 一根根將毛髮連根拔起

電針除毛，是一根一根插入細細的絕緣針到達毛囊根部，藉由高週波電流通入完全破壞毛囊，相較於雷射除毛，屬於非常古老的傳統除毛方式。缺點是不但疼痛，每次手術的時間更長，且毛髮不能修剪的太短，醫師才能估測毛囊的插入位置；優點是能夠一根根將毛髮連根拔起，任何膚質皆適用。

避免高額契約 從小範圍開始進行

不論選擇雷射除毛抑或是電針除毛，為了避免滋生事端，不要一開始就簽下高額的契約。另外，剛開始時可先由小範圍慢慢做起，不要一下子從手臂…等容易露出肌膚的位置開始做手術比較妥當。

如果不知道應該選擇雷射或是電針的方式，請先參考P228～231中永久除毛現狀的內容，再慢慢決定。

※※※ 雷射除毛之現狀（請參考P228～P229）

脈衝光除毛與雷射除毛，哪個好呢？

如果單就除毛而言，我認為雷射的方式似乎比較適合。脈衝光是由不同波長控制，作用範圍較廣，因此有可能燒傷毛髮以外的組織（例如：皮膚），提高手術風險。但是光從機器的外觀來看，無法判別出究竟屬於雷射除毛還是脈衝光除毛（一般美容機構較常使用脈衝光除毛）。也有很多明明不是使用雷射機器，卻打著雷射除毛的廣告，掛羊頭賣狗肉的情況。請仔細詢問過使用機器類型，充分了解整個過程之後再開始接受治療。

雷射除毛之現狀

雷射光能量太弱沒有除毛效果，太強又很容易造成灼傷

　雷射除毛以「迅速、經濟、無痛」為號召，坊間到處都可以看的到廣告。的確，如果技術好的話，可一次做大範圍的除毛（兩邊腋下約10分鐘），當然價格也不會太昂貴。然而，有時候過份追求「快速、便宜」，價格競爭越來越激烈的結果，往往會導致許多問題產生。

　如果施術者的技術不夠熟練，做完雷射除毛手術後患者可能因此留下灼傷的痕跡、或形成斑點。雷射可在短時間做大範圍的除毛，相對地，一旦留下灼傷的痕跡，規模肯定也不小。嚴重時，也曾經發生有人在雙臂、雙腳都殘留灼傷斑點的病例。正常情況下，斑點需要花很長的時間才會漸漸淡化，這段時間患者的內心會承受多大的痛苦可想而知。

　除此之外，也有除毛效果不彰，毛髮數量幾乎沒有減少的情況。雷射除毛，其原理為利用雷射光的能量，深入皮膚燒毀毛髮及毛母細胞，進而破壞毛囊。過程中皮膚必須接收光，當光能過強時很容易造成皮膚灼傷，又或者為了避免這種情形發生而以較弱的光能進行雷射，卻反而沒有除毛效果。這正是雷射除毛最大的問題所在。

　雷射除毛源自於歐美，在白種人身上施術時幾乎沒有灼傷的情況發生，效果非常好；然而國人若想進行雷射手術，最好還是事先請技術純熟的醫師檢查，評斷自己的膚質是否適合做雷射手術。

然而，現今雷射除毛手術如此盛行的風氣下，有多少人真的能夠徹底做到這一點呢？實際上很少人會做到這個地步。可能是因為雷射機器本身非常昂貴，導致除毛價格的競爭越來激烈，企圖以低價策略搶攻市場。許多美容沙龍機構、診所在購入雷射機器後，其實最後都很難回本。結果，不管膚質適不適合，只要你想做全都可以立刻接受雷射手術，因此才會多次發生「膚色黑的人接受雷射除毛治療後嚴重灼傷」的問題。

最好請醫師衡量膚質情況後，訂立良好的除毛計畫書

除此之外，「短期內接受雷射的次數過多」也同樣會造成許多問題。最近坊間許多美容機構、診所紛紛推出所謂的2年通行證，意思是一開始時先支付一定的金額後，期間你想做幾次雷射手術，任何時候都可以做。結果造成受術者只要長出一點點毛髮，就會立刻再去做雷射手術。但是，肌膚只要接受過一次雷射，在毛孔深處都會暫時留下發炎的症狀。因為是將整個毛根燒毀、破壞毛囊，這也是無可厚非的結果吧！如果在發炎還沒完全痊癒時，就立刻再做一次手術，則很容易引起毛囊炎（請參考P215）。第一次、第二次可能還沒關係，但到了第三次可能會在手術的數天之後，全體毛孔產生類似痘痘般的膿皰。

那麼，施術的間隔時間應該多久比較好呢？很抱歉，這個問題可能因個人膚質不同而有所差異，再加上雷射的種類、光能量都會產生影響，因此無法一概而論。但是，如果曾經發生過一次真皮發炎的症狀，炎症最長可能會殘留在肌膚2年時間，一定要特別小心謹慎。一邊進行複診，一邊同時諮詢日後的除毛計畫，才是最為理想的方法。

電針除毛之現狀

醫療用的電針除毛機成效卓越，且疼痛感較低

傳統的電針除毛，是將細針一根根插入毛根，通電後直接破壞毛囊，因此不會傷害皮膚表面。沒有適用上的限制，不論是曬傷、敏感肌、異位性皮膚炎的人均可接受治療。此外，不分粗毛、細毛，皆能達到徹底清除的效果。希望在腋下、比基尼線…等面積較為狹小的範圍，達到清除毛髮一根不留的程度，電針除毛則相當適合。類似乳暈、肚臍四周、下巴…等部位的毛，由於數量極少的緣故，全部完成可能也只需花費幾千元台幣而已。

然而，好像越來越多人對於電針除毛抱持著「非常痛」、「花時間」…等不好的印象，我想大概是因為受到雷射廣告的影響吧？業者經常將雷射除毛拿來與電針除毛做比較，廣告中為了特別強調雷射除毛的優點，通常會一再提出「電針除毛既痛、又很耗時間……」等說詞。沒有錯，兩者比較之下確實是如此，雖然它的缺點不少，但效果卻是好的驚人，是目前唯一被證實可完全破壞毛囊、達到永久除毛的方法。

值得注意的是，一般坊間的美容機構所使用的電針除毛機，與醫療用的電針除毛機相比之下，不但疼痛感更強、也較花時間。再加上電壓較低的關係，會拉長導電時間，增加更大的痛楚。如果是使用醫療用的器材，進行手臂、腿部的除毛時，不必麻醉就能夠充分達到除毛效果。

除毛手術的成功與否，全盤取決於施術者的技術、經驗

電針除毛必須一根一根插入細細的絕緣針到達毛根，通電後達到破壞毛囊的效果，因此，施術者的技巧將會嚴重影響到除毛手術的結果。電針除毛講求速度、正確性，而操作的熟練度將是關鍵所在。施術者一般至少得先接受2～3年的訓練後，才能開始進行手術。

當操作者的技術、經驗不足時，究竟會導致什麼樣的後果呢？

首先，假如插針的定點不夠精準，可能會燒灼皮膚表面。另外，若電壓設定過強，也會造成灼傷。嚴重者會產生發炎性色素沈澱（請參考P215）的斑點，沿著毛孔留下零零散散的疤痕。雖然這只是個過渡時期，但是會在意的人就是非常在意。

除此之外，電壓的設定也很重要，否則可能完全起不了作用。尤其是美容機構的除毛機因為非常痛，為了減輕疼痛感而將電壓降得太低，結果卻造成毛量幾乎沒有變少。

如果要做電針除毛手術，最好還是透過技術精準、技巧純熟的醫師來操作，每回複診時讓醫師再次評估肌膚狀況後，依照良好的除毛計畫表進行治療，才是最理想的方式。

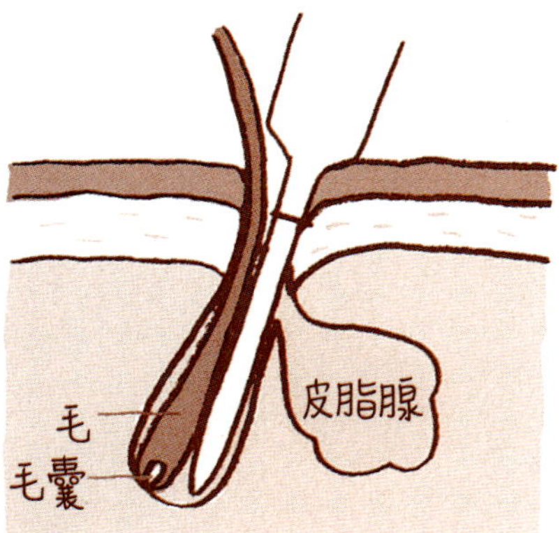

電針除毛示意圖

將細針插入毛囊根部，通電後直接破壞毛囊。

其他肌膚問題

鼻頭泛紅、體臭、香港腳、陰部搔癢……等

Q 鼻頭四周經常紅紅的，真的很困擾。

A 用維他命C誘導體做保養吧！

鼻子的兩側、鼻頭四周很容易泛紅、脫皮的現象，主要是因「脂漏性皮膚炎」所引起，亦屬溼疹的一種，每個人或多或少都曾經經歷過。由於鼻子四周的皮脂分泌非常旺盛，而多餘的皮脂一旦接觸到空氣後會形成氧化，造成肌膚刺激而產生皮膚炎。

皮膚症狀出現時，最好使用敏感肌專用的洗顏皂洗臉，去除多餘的皮脂、髒污，再搭配添加維他命C誘導體成份的化妝水保養，往往可獲得良好的改善。維他命C誘導體成份具有幫助防止皮脂氧化、抑制發炎的作用。與其使用口服維他命C，直接塗抹於肌膚上的效果更佳，尤其是誘導型的維他命C非常容易被肌膚吸收進去。

此外，不僅是注意肌膚保養的部份，同時也不要忘記必須配合良好的飲食習慣，多多從蔬果中攝取維他命B群或C，盡量避免攝取太油膩、酒精、刺激性強的食物。

當症狀惡化伴隨著搔癢，且經由保養、飲食控制之下均無法獲得改善的時候，應盡快至皮膚專科醫師處就診。目前有某種抗生素能夠迅速治療脂漏性皮膚炎，請先接受醫生診斷後再按指示用藥。

Q 頭皮屑．頭皮癢的情況很嚴重，實在難以忍受。

A 頭皮屑多半是由脂漏性皮膚炎所引起。為預防乾燥，使用精油保濕。

所分泌出的皮脂在空氣中形成氧化，滋生細菌引起發炎的症狀稱之為「脂漏性皮膚炎」。是一種好發於皮脂腺分泌旺盛部位的皮膚病，因此不僅是鼻頭，也很容易出現在頭皮上。頭皮的脂漏性皮膚炎，經常伴隨著頭皮屑增多、頭皮癢的症狀。

治療頭皮的脂漏性皮膚炎，最重要的是：適度的洗頭、經常保持頭皮清潔。每天、或每隔一天洗一次頭，但絕對不能用力搓揉摩擦，應使用低刺激性的洗髮精，以指腹洗頭按摩頭皮。吹風機的風口避免直接對著頭皮吹，因為頭皮過度乾燥可能會產生更多頭皮屑。如果洗完頭髮時覺得頭皮很乾燥的時候，可以搭配椿油…等精油充分保濕。

維持規律的生活作息、均衡飲食最為重要，平時應避免過於油膩、辛香料等刺激性食物。

再者，如果頭皮脂漏性皮膚炎加重惡化時，可能會暫時出現異常性出油且衍生至掉髮的狀況。此時最好儘快就醫治療，皮膚科的類固醇用藥能夠有效對付搔癢症狀。當皮膚炎的症狀獲得改善後頭髮就能重新生長，毋需過度擔心。

值得注意的是，脂漏性皮膚炎是一種慢性且會反覆再發的皮膚炎，可能需要花費好幾年時間治療。唯有調整飲食習慣、規律的生活作息才是治療的最有效方法。

Q 容易流汗，難聞的體臭味讓人缺乏自信心。

A 產生體臭的主因為「皮脂」。

大家常常都說流汗後會產生「汗臭味」，但事實上汗水原本是屬於無臭的物質。汗水本身是沒有任何味道，即使流再多汗也不會變成汗臭味。就像我們在做蒸氣浴時，雖然汗如雨下，可是也不會有臭味的道理一樣。

然而，汗水如果停留過久的時間，會與皮膚表面的雜質細菌互相融合在一起，促使細菌滋生，因而製造出帶有臭味的分泌物。角質層的角蛋白(Keratin)經細菌分解後會產生異臭，味道過重時例如腳底就會開始產生難聞的腳臭味。

至於我們一般常說的「體臭」，與汗水毫無關聯，而是因皮脂所致。皮脂與汗水一樣，經過一段時間後會產生氧化作用，導致臭味的產生。多半以男性的體臭問題較為嚴重，主要是因為皮脂腺受到男性荷爾蒙的刺激，會製造更多皮脂。不洗頭所散發出的頭皮味，也是因皮脂所造成。由於頭皮上的皮脂腺分佈極廣，異味往往是由這個部位開始飄散開來。其中也可能是因為汗水混雜後產生的異味，但嚴格說來，皮脂的影響會比較大。

然而不論是汗水、還是皮脂的緣故，終究與它們本身的問題無關，而是因為停留在皮膚表面的時間過長導致細菌滋生，才會引起臭味，因此只要經常清洗、保持乾淨，就能夠解決問題。容易出汗還是肌膚太油的人，只要做好基礎保養就不會產生擾人的氣味。

但是狐臭的情況就另當別論，即使清洗的次數十分頻繁也難以預防臭味產生，最好選擇專業醫師進行狐臭治療。

Q 腋下流汗時，總是很擔心是否會傳出異味。

A 首先，確認自己究竟屬於多汗症？抑或是狐臭？

所謂的「狐臭」及「多汗症」，完全是不同的兩碼子事。因此，為了找出自己是屬於哪一種情況再對症下藥，那麼對於汗水的構造就必須具備基本的認識。首先，製造出汗水的汗腺可分為兩大種類。（請參考P205）

①外分泌腺(小汗腺：eccrine gland)…分佈於全身，尤其是手掌及腳底部位存在著許多小汗腺。所分泌的汗液以水分為主，無色、無味。汗水量以外分泌腺分泌出的居多者，則屬於很容易流汗的類型（多汗症）。

②泌離分泌腺(大汗腺：apocrine gland)…附著於毛囊中，多分佈於腋下、耳朵、陰部、乳暈、肚臍。泌離腺所分泌的汗液濃、呈淡黃色，經皮膚表皮上的細菌分解後會產生濃烈的氣味，這就是造成

狐臭的主因。簡單來說，外分泌腺較為發達的人屬於多汗症；泌離分泌腺較為發達的人則屬於狐臭體質。這種現象主要是受到遺傳因素的影響。想要確認自己是否為狐臭體質，請參考以下幾個步驟，自行檢測看看吧！

①父母其中一方有狐臭體質。

②耳垢潮濕

③白色T恤的腋下位置很容易泛黃

完全符合以上條件者，則屬於狐臭體質。這種類型的人，臭味的產生與是不是很容易流汗無關。

國人原本就屬於少有狐臭現象的民族，而阿拉伯人、拉丁語系國家的人絕大多數都具有狐臭體質，因此他們並不會特別把狐臭當作一個問題看待。

Q 我好像有輕微的狐臭問題，請問有什麼辦法能夠抑制臭味產生呢？

A 經常清洗，保持乾燥。症狀嚴重時請到皮膚科就診。

「狐臭」與腳臭一樣，都是因流汗時，汗水與細菌結合後所產生的難聞氣味。為了預防臭味，首先最重要的一定要經常清洗，並保持通風乾燥的狀態。

此外，如果腋毛過長，此悶熱潮濕的環境將成為細菌滋長的溫床，因此最好養成除毛的習慣。如果使用腋下體香噴霧，一定要選擇不含粉末的產品以免堵塞毛孔，且最好是具有強效殺菌配方。

如果按照以上步驟操作，症狀仍無法改善時，宜儘速至皮膚科請專業醫師檢查。

至於狐臭的治療方式主要有：手術、及除毛兩種。手術的目的是除去毛根及大汗腺，最普遍的方式是在腋下切開一部分皮膚，經1或2個小孔將頂漿腺抽出。

當然也有人選擇利用除毛的方式。以提高電磁波能量加熱毛囊，破壞毛髮及大汗腺而達到除毛的效果。缺點是效果較手術差，建議輕微狐臭型的人使用。

然而不論是手術還是除毛，這兩種方法的目的在於治療狐臭，因此不具抑制出汗的效果。有些診所打出號稱可「同時治療多汗症」的不實廣告，請小心上當。

Q 動不動就流汗真的很困擾，有沒有抑制流汗的方法呢？

A 世上沒有所謂抑制流汗的藥，情況嚴重者請儘速至皮膚科就診。

與「狐臭」的症狀不同，但為「多汗症」感到煩惱的人好像也不少。然而非常遺憾的是，世上不存在抑制出汗的藥物。

雖然沒有實際的治療方法，但基本上最好在流汗後要馬上洗淨汗水，並保持乾燥。此外，腋毛太長的話也很容易因不通風而滋生細菌，盡量養成除毛的好習慣。即使這樣還是無法克制汗臭味時，可以參考以下幾個方法：

①**止汗劑**：一般市售的止汗劑通常含有氧化鋁等化學物質，將它浸泡在紗布

後再用來擦拭腋下肌膚，或是敷著停留一段時間（一部分皮膚科也會做此相關治療）。

②電離子導入療法…使用水做「離子導入法」，以電流刺激阻塞汗腺，止汗效果約可維持3天左右。一種利用儀器發出微弱電流通過皮膚，藉以減少汗水的治療方法，一次療程約20分鐘，此治療適用於健保範圍。不痛、且不具危險性，唯一缺點是比較耗時，且約每隔3天就必須重新接受治療。一部分皮膚科有做此相關治療。

③注射肉毒桿菌…肉毒桿菌以治療皺紋的效果而聞名，但其實它對於改善多汗症的效果也非常良好。針對手心、腳掌、腋下…等容易出汗的部位，取微量的肉毒桿菌素進行表淺的皮下注射，麻痺汗腺神經以抑制汗腺的分泌，效果約可持續半年，費用各家不一。

另外，有些醫療院所會以「注射肉毒桿菌治療狐臭」作為號召，然而事實上肉毒桿菌對於改善狐臭的幫助不大。

④胸腔交感神經切斷手術…多汗症的手術多由麻醉科操刀處理。多汗症交感神經手術主要是將支配上半身汗腺分泌的胸腔交感神經破壞切斷。手術治療後腋下、手心、有時甚至可能整個上半身都不再出汗。可是，卻造成汗水轉移到別的地方，集中在下半身大量出汗，反而必須付出更慘痛的代價（稱之為：代償性流汗）。

所謂的侵入性手術，一旦接受之後就無法再恢復原狀了。所以患者最好先嘗試副作用少、非侵入性的治療，當其他方法都無效時，才慎重考慮手術的必要性，以免後悔莫及。

⑤漢方治療…假如體質合適的話，服用中藥亦可達到有效的治療。「防己黃耆湯」主治汗出表虛，可依體質調配加減藥方治療多汗症。適合臉色蒼白、水性體質的人服用。其他如：緊張時大量流汗、或生性容易緊張的人也可以服用「牡蠣」改善，由於牡蠣中某個成份可幫助安定神經興奮，舒緩緊張情緒。

流汗是由自律神經所主導。隨著自律神經的調整，汗水可能增加、也可能減少，在人的一生中會不停的變化。因此，先不必把多汗症想得如此嚴重，以輕鬆樂觀的心態面對，某天就會自然痊癒也說不定呢！

Q 腳臭味很重怎麼辦…。

A 首先，請檢查是否是因流汗量過大的關係所致。

腳底是身體非常容易出汗的地方，汗水經過一段時間後，與皮膚表面的細菌融合在一起而滋生更多細菌，製造出帶有臭味的分泌物，也就是腳臭。而患有腳臭的人，其中絕大多數都是因流汗量過大所引起，據說與汗水中所含的物質成份也有一點關聯。研究數據顯示，汗水中含有較多吉草脂肪酸的人，即使出汗量不多也很容易產生異味。然而到目前為止，學者對於汗水中成份的差異性、及治療方法…等問題，完全無法找出解答。

除此之外，由於多汗症主要是因個人體質所致，無法輕易改變。不僅如此，多汗症具有許多類型，如手汗症、臉汗症、腋下多汗症…等。為了要確定自己是否真的患有足部多汗症，請回答以下幾個問題：

①即使在寒冬，腳踝處也不曾出現乾燥脫皮的現象。
②雙手經常呈現潮濕狀態。
③皮鞋上有汗漬。

符合以上三點的人，可能在不知不覺中已經開始散發出異味。請特別留意。

Q 如何防止足部異味？

A 徹底清潔指縫污垢。

市面上常見許多專門去除腳臭的消臭噴霧※，但光是依賴這些產品無法徹底根治，若要去除腳臭，清潔非常重要。

雖然每天都很認真洗澡，但卻有許多人洗腳時忽略清洗腳縫，但此處最容易藏有細菌和汙垢。尤其是使用淋浴方式洗澡的人，因為是站著沖澡不方便，所以往往洗腳時只會草草帶過。以後洗腳時最好坐在一張小椅子上，仔仔細細的清洗每個指縫間的髒污吧！可拿刷毛較軟的刷子※※輔助，不但可提高效率，且每個角落都能夠清洗的非常乾淨。還有，指甲與皮膚間的角質層過厚（亦即：甲垢），再加上流汗的話很容易悶出異味，指甲兩側也要用刷子確實清洗乾淨，盡量避免留太長的指甲。

選擇透氣性良好的鞋子，並穿上棉質襪子。最近很流行的五趾襪※※※不易造成汗水堆積在趾縫，也非常適合。值得注意的是，足部異味中最具壓倒性勝利的黃金組合是：緊身襪、褲襪配上靴子的組合，完全密不通風最容易引起腳臭。如果是多汗症患者穿上一天，到了傍晚脫下鞋子後常會飄出一股濃濃的異味。因此，必須長時間走路的時候應盡量不要穿靴子喔。

※消臭噴霧：一般多為添加殺菌成份的止汗劑。效果不持久，特別是有加入粉末的止汗劑，若在長時間穿著褲襪時使用，反而會造成更多異味。主要是因為剛開始時粉末確實有吸汗效果，使人保持清爽，但是當出汗量增加時，粉末反而會吸汗結成一團，成為細菌的溫床。

※※刷子：市面上可找到許多足部專用的清洗用品、或洗腳刷…等產品，但一般這些產品的刷毛質地過於堅硬，用來清潔指甲縫隙時既痛，又不實用。我建議可以使用洗臉專用的洗臉刷，挑選出其中材質較硬的洗臉刷，運用在足部清潔時不但硬度適中，且不會造成疼痛，確實保持足部清潔。另外，謹慎一點的話可使用含有殺菌配方的肥皂洗腳，但其實一般肥皂的去菌效果也已經十分足夠。

※※※五趾襪：各式各樣造型的五趾襪最近好像大受歡迎。由於不會造成趾縫悶熱感，能夠確實預防腳臭及香港腳。當穿著褲襪或一般的襪子，腳趾在鞋子內根本無法動彈，但如果是五趾襪的話多少會隨著走路時移動腳趾，增加腳趾的關節活動力，也能預防拇趾外翻、甲

溝炎等症狀。當然其中也有一些是尼龍材質的五趾襪，但大部分還是以棉質居多。

Q 香港腳令人尷尬不已，對誰都難以啟齒。

A 保持足部通風，持續使用藥物治療半年。

在國內，約每三個成人之中就有一人罹患「香港腳」疾病，因此，絕對不是什麼令人感到羞愧的事情。

香港腳是由一種名為「皮癬菌」黴菌感染所引起的皮膚病。人與人之間很容易互相傳染，在游泳池、溫泉等地正是黴菌傳染的大好機會。但是，黴菌入侵到皮膚裡約需花費24小時時間，因此只要在離開泳池、溫泉時再好好洗一次腳，就能避免接觸傳染。另外，為了防止家庭內的集體感染，浴室中腳踏墊、拖鞋最好分開使用。

由於濕熱的環境是黴菌的溫床，因此保持腳乾爽就是對付黴菌的好方法。在辦公室時可多準備一雙拖鞋替換，平常穿透氣性佳的鞋子，並搭配上五趾襪（請參考P237）。

回家後立即洗腳，並擦上專用藥物。自行到藥局購買抗黴菌藥物使用的話，與其使用噴霧或是液狀的，不如選擇對肌膚溫和的乳霜型會比較適合，使用上也較為安心。有些藥物中除了添加抗菌成份，還會添加使用後會感到清涼的成份，但這些成份反而很容易引起過敏，請特別小心。香港腳會破壞角質防禦機構，此時更需要溫柔呵護肌膚，盡可能選擇成份簡單、溫和的藥物。

香港腳並不是絕症，只是治療需要有耐心，必須長期持續擦藥半年。不能因為看起來好像改善很多就輕易中斷治療，只要還有一點點黴菌殘留，就會一再復發。

如果按照以上方法治療仍無法改善時，請儘速至皮膚科診所接受檢查。有些症狀看似香港腳，但事實上也可能是溼疹或其他皮膚病。香港腳如果治療不全很容易侵犯指甲形成甲癬，也就是俗稱的「灰趾甲」（指甲泛白變形），則必須搭配口服藥治療，依照皮膚科專科醫師處方服藥。

「最近覺得自己的腳臭問題好像越來越嚴重，很擔心是不是得了香港腳？」經常有人提出這樣的疑問，但是香港腳的情況是不會產生臭味的。倒不如說是易流汗體質的人會產生腳臭，同時患上香港腳的機率也較高，但其實這兩者之間並無任何直接關聯。

Q 腳的大拇趾甲片向內彎進肉裡生長，痛得很難受。

A 應該是趾甲內彎、甲溝炎所引起，如果會感到疼痛請立即就醫。

趾甲變形大致有下列幾種情況：趾甲上出現「縱向裂痕」時屬於老化現象之一、當壓力過大、身體某處感到不適時，趾甲就會出現「橫向裂痕」、而「甲癬」是趾甲受黴菌感染變濁白色…等，症狀皆不相同。然而，其中最難纏的莫過於「趾甲內彎」及「甲溝炎」。

「趾甲內彎」是由於趾甲受到鞋子的壓迫變形，大拇趾甲片向內彎擠壓肌膚，造成疼痛不堪。

如果情況持續惡化，趾甲直接嵌入皮膚內生長，形成所謂的「甲溝炎」，亦即俗稱的「凍甲」。皮膚紅腫疼痛，甚至發炎化膿。

皮膚科有一種特殊的金屬絲網，戴上後進行甲床修整、矯正甲片變形，就像矯正牙齒一樣需要花上好幾年時間。一旦趾甲變形就無法自然恢復原狀，平時請盡量避免穿著尖頭鞋、高跟鞋。

當覺得症狀加重即將形成「甲溝炎」時，請勿將趾甲剪得太短，必須保持趾甲長度超過趾尖。在趾甲上戴上趾套分離皮膚與趾甲，使趾甲不會碰到肌膚。

如果這樣還是無法防止趾甲內嵌的話，應立即就醫請皮膚科專業醫師診治。另外，有些皮膚科中會使用一種類似藝術趾甲用的壓克力人工趾甲，做成假趾甲治療。更嚴重時可能需要開刀治療。

Q 乳暈常有搔癢現象，是怎麼回事呢？

A 請使用類固醇軟膏治療。

關於乳房的問題，實在難以對人啟齒，一定有人正因此默默的獨自煩惱吧！其中最典型的問題就屬：乳暈搔癢的症狀。患有異位性皮膚炎…等過敏體質的人常有乳暈搔癢的現象，可能在睡覺時不自覺的去抓，最後造成破皮。有時可能會出現濃稠滲液之分泌物，沾染到胸罩上。此時可塗抹類固醇軟膏、或是塗上亞鉛華軟膏，然後包上棉布（塗抹藥膏時使用的墊布），類似貼酸痛貼布一樣的貼在乳暈位置，過一陣子將會自然痊癒。乳暈的皮膚有時可能會出現乾燥粗糙、脫皮的現象，可能是溼疹所引起的。如果感到很不舒服時，亦可塗抹類固醇藥膏改善。

Q 乳暈上的毛可以拔除嗎？

A 如果要拔除，倒不如做永久除毛手術。

如果要拔除乳暈位置的毛，很容易引起發炎化膿、並形成斑點。因此，如果要以拔除的方式，我認為倒不如做永久除毛的手術，一勞永逸。因為毛髮並不多，所以費用通常不會太高。比起雷射，電針除毛的方式應該會更適合。

Q 陰部搔癢怎麼辦呢？

A 避免抓破皮，請儘速至皮膚科、或婦產科就診。

陰部搔癢的原因極有可能是「念珠菌感染（請參考P240）」所引起的現象。

念珠球菌是一種常見的陰道黴菌，容易在溫暖潮濕的環境下生長，造成陰部搔癢不已、白色分泌物（白帶）增多。而搔癢症狀可能從陰部擴散至四周的皮膚。這種情況下請立即至皮膚科、或婦產科接受治療，請醫師給予適當塗抹局部的抗黴菌藥物（殺念珠菌藥物）與陰道塞劑治療。

除此之外，陰部也可能會形成「脂漏性皮膚炎」（請參考P233）的症狀，主要會在陰毛部位搔癢難忍、發紅脫皮。這種症狀只要使用藥性較弱的類固醇藥膏治療，就能改善、抑制搔癢的症狀。

還有一種不明原因引起的陰部搔癢，稱之為「陰部搔癢症」。可能是因為經常穿著緊身不透氣的內褲，導致外陰部悶熱、潮濕，過度摩擦肌膚而引起搔癢現象。一旦發癢、搔抓就很容易破皮，結果卻反而陷入更加搔癢的惡性循環之中。因此，當外陰有發癢現象時，應儘速就醫，請醫生開藥膏（類固醇軟膏）塗抹治療吧！

---

column

何謂念珠菌感染？

大多數的女性都經歷過一次陰部搔癢

大多數的女性一生當中至少患過一次黴菌性陰道炎，因此絕不需要感到羞愧。而陰道搔癢的症狀中，幾乎有1／3都是因念珠菌感染所導致。

念珠菌與黴菌相同，皆屬於真菌，是一種微量寄生在人類皮膚或黏膜上的常在菌。陰部的悶熱潮濕的環境，可說是繁殖黴菌的溫床，但是，陰部中有益生菌（乳酸桿菌）的層層戒護，乳酸桿菌是念珠菌的天敵，一般正常狀況下，念珠菌是不會對人類健康產生威脅的。那麼，是什麼因素造成念珠菌異常增生，導致陰部搔癢呢？原因如下：

①免疫力下降…當過度疲勞、壓力過大、感冒時，會造成免疫力下降，此時念珠菌會趁機開始大量繁殖。

②使用抗生素…抗生素會殺死乳酸桿菌，變相造成念珠菌增生。服用抗生素藥物後1～2周，經常會感到搔癢不適。（事實上是因人而異，也有人連續服用數個月之久，都不曾發生念珠菌感染）

③便秘或腹瀉…大腸中原本就存在許多念珠菌，如果再加上便秘的症狀，會促使念珠菌加倍寄生。念珠菌很容易經由肛門轉移至陰部，因此上完廁所擦拭時請特別注意。腹瀉的情況也是如此，過度頻繁跑廁所，加上肛門口離陰道口太近，很容易不小心經由肛門傳染，引起陰道發炎。

④停經後…主要是因為停經後濾泡荷爾蒙（雌激素）缺乏，造成分泌物減少所致。陰部會自動分泌出黏液，就像清道夫一樣不停淨化陰道。但是停經後此自淨作用漸漸減弱，使念珠菌藉機大量繁殖。

⑤性行為感染：男性即使感染念珠菌也不會出現明顯症狀，因此很多人就忽略了這個問題。雖然從男性那邊傳染而來的情況極為稀少，但是會透過性行為互相傳播（交叉感染），因此男女性伴侶兩人必須一同接受治療。但是男性感染念珠菌的情況實屬少數，應與前述①～④項的原因影響不大。

念珠菌感染首先最常見的症狀是陰道或外陰部極度搔癢，而後白帶明顯增多，一般呈白色酒渣般的分泌物。發炎情況嚴重時還可能出現灼熱刺痛感，並合併性交疼痛等症狀。此時勿自行以坐浴或淋浴方式沖洗陰道，請立即至婦產科或皮膚科接受診治，必須使用陰道塞劑治療。放入抗黴菌的陰道塞劑藥物後，約1星期時間即可痊癒。另外，有很多人感染念珠菌時會特地到婦產科進行陰道清洗的治療，但其實不一定非做洗淨不可，可自行以陰道抗黴菌塞劑做治療。

念珠菌感染之國情差異

我在美國參加醫學研習時到當地的皮膚科觀摩過，對於痘痘的患者們，當地的醫師居然會直接一次開半年的抗生素藥物給來診的病患，對此我感到蠻意外的。據說好像是美國的醫療費相當高，如果痘痘的患者們必須頻繁往來醫院的話肯定會吃不消。（當我提到日本的痘痘患者大約2～3週必須回診一次，他們也感到相當不可思議。）

光是拿藥回家吃且半年內都不再回診，難道不擔心會有副作用嗎？因此我不禁詢問他們「如果因為吃藥而不小心併發念珠菌感染時該怎麼辦呢？」

沒想到當地的醫生居然一派輕鬆的回答我一句：「肯定會感染的呀！」…，對這個答案我感到更加訝異，馬上追問：「如果不事先警告患者副作用的危險性，這樣沒問題嗎？」他回答：「念珠菌感染是非常常見的事，就連雜誌上都會教導該如何治療，大家都會自己到藥房買專用藥物使用」。（附註：在國內念珠菌藥物屬於醫師處方藥物，大家無法自行在藥局購得。）

美國人似乎都是一面使用念珠菌陰道炎的藥物，一面持續服用抗生素藥物，因此在美國念珠菌陰道炎並不被歸類於副作用的範疇內。

然而，國內的情況則是完全相反。有位女性患者因為服用感冒抗生素藥物的關係，卻不小心併發成念珠菌感染，因而到我的診所求助。她完全不曉得這是因為服用抗生素而引起的副作用，還以為自己得了什麼可怕的疾病，因此感到相當懊惱且不知所措，一面對我泣訴自己的陰部搔癢病狀。

另外還有一個不是如此極端的事件，但也是一位感染過念珠菌的患者，曾經非常氣憤的對我說：「以前就是因為服用抗生素，沒想到卻引發很嚴重的副作用，我以後再也不敢吃抗生素藥物了！」這種案例也並非少數。

即使是相同的疾病，由不同的人來解讀卻會產生如此大的差異?!當然這跟個人生長環境的背景因素也有很大關係。

雖然念珠菌感染不能稱之為性病的一種，但它確實會透過性交傳染，除此之外，或許是歐美人患有重症面皰的比例較高，一般人可能認為大量使用抗生素藥物是一件再尋常不過的事吧。

無法說是誰對誰錯…只是在日本，當醫師在開出抗生素藥物，只要一對患者說明可能會引發念珠菌感染的時候，一般人的反應通常是避之而唯恐不及。然而在海外卻是完全兩極化的反應…總覺得相當不可思議呢。

Q 應該如何防範乳暈、陰部搔癢的症狀呢？

A 請穿著透氣的內衣，同時也必須注意清洗方式

陰部的皮膚及乳暈被稱之為所謂的敏感地帶，皮膚相當薄且神經極為敏感，因此只要稍微刺激到敏感部位，不論是誰都很可能引起搔癢症狀。這些部位的皮膚相當脆弱，一不小心就會抓傷皮膚，需要很長一段時間才能痊癒。

那麼，為了防止敏感地帶產生問題，請注意以下事項。

首先，流汗容易產生異味和悶濕感，因此必須經常保持其清爽、潔淨！雖然現在很流行襯墊較厚的內衣，但在夏天時建議穿著透氣性佳，棉質或是混棉材質的薄內衣會比較適合。

襯裙也以棉質為主，盡量避免穿著聚酯纖維材質的衣物。內褲也同樣以樣式簡單的棉質內褲為佳，不使用任何蕾絲裝飾，保持透氣舒適。有些人的皮膚接觸到內褲的縫邊會摩擦肌膚、發癢，此時不妨可以翻到背面來穿。緊身裙、緊身牛仔褲會使皮膚相當悶熱，應盡量避免。褲襪也最好少穿，但如果真的非穿不可的時候，尤其夏天不要穿著到大腿位置的褲襪，以膝下襪為主。

生理期時特別容易搔癢的人，請特別留意生理用品的衛生。織網狀的衛生綿較容易引起發癢症狀，不妨改用棉質、或敏感肌專用的衛生綿。生理褲也要選擇棉質布料。此外，很多人使用護墊會產生搔癢，平常請盡量避免使用。

洗澡僅以一般的肥皂清洗即可，絕對不可以用力摩擦肌膚。有人可能會認為「搔癢可能是因為沒做好清潔」，因此才拚命了搓洗，但事實上並非如此。

除此之外，以淋浴或坐浴的方式清洗陰道也是非常不好的行為，陰道內有一種乳酸桿菌可維持陰道內的潔淨，如果將乳酸桿菌也一併洗掉的話，情況會變得更加嚴重。只需用手輕柔的將外陰部清洗乾淨就已足夠。

如果確實按照以上幾點實行之後，仍

舊出現搔癢症狀時，唯有盡早治療才是最好的辦法。如果擔心自己有感染念珠菌的疑慮時，總之就請先到皮膚科或婦產科做一次檢查吧！

或是先塗抹藥性較弱的類固醇藥膏治療，再觀察症狀是否有好轉的跡象。雖然有些人對於類固醇藥膏具有抵抗力，但是如果不塗抹藥物治療的話一定很容易不小心抓傷，因此最好在抓傷前提早做治療會比較好。如果擦藥之後搔癢症狀仍持續一週以上的話，請立即就醫治療。

由於這個疾病只要得過一次就很可能會再度復發，其中也有人為此困擾了許多年之久。請不要覺得羞愧，迅速的處理才是正確的治療方法。

Q 乳暈及陰部的顏色很深，有沒有淡化色素的方法呢？

A 非常抱歉，沒有任何淡化的方法。最重要的是自己的心理建設。

常常有人說，陰部顏色較深的女性「一定很愛玩（性經驗豐富）」，但這完全是以訛傳訛的說法罷了。乳暈及陰部的顏色屬於生理性的色素沉澱，並沒有任何特別的原因。其中個人先天體質的影響占絕大部分，但也有可能是因荷爾蒙失調所引起的色素沉澱。另外，每個女性懷孕時顏色幾乎都會加深。

有些人的性經驗不多，可是重點部位的顏色卻很黑，因此我經常聽到有人提出想要淡化顏色的要求，但很抱歉的，這是不可能的事。因為這並非是斑點所造成的，而是極為自然的生理影響所致。

更何況，那些說著自己「顏色很深」的人，我一看根本就是極為正常的顏色。大概是因為我們都不知道其他人的乳暈、陰部的皮膚是什麼顏色，所以才會一心認為自己的顏色特別深。一般女性也很少有機會可以跟別人做比較，就算是在泡溫泉的時候，雖然大家都是裸體，但也不會有人敢目不轉睛的盯著別人看，暗地裡觀察也很難看出什麼所以然。

而男性們大多數都是看了成人寫真集上的女星，就以為上面的顏色應該是正常的。但其實這些女星們在拍攝寫真集時，全身一定會塗上粉底修飾原本的膚色，與平時的顏色不同。

因此，一般人幾乎很難得知到底怎麼樣才算是自然的顏色。而我身為醫生看過無數的病人，實際上女性的胸部不分大小，大部分顏色都是偏深，很少有人真的是粉紅色。但是胸部大小、形狀則會因人而異。很多男性說話前總是欠缺考慮，其實這完全是毫無根據的事情，請各位無須太過介意。

醫療減肥法　保持肌膚水嫩彈性

「一開始減肥，肌膚就會變得粗糙、黯淡無光…」我經常聽到這樣的煩惱。那是因為錯誤的減肥方式一定會對身體、肌膚產生非常不好的影響。因此，如果想要擁有美肌，一定要採取健康、正確的減肥方法！記住以下三個訣竅，吃得好也能達到減肥的目的喔！

POINT 1 避免血糖值升高！

如果你不清楚「血糖值」的正確定義，就一定無法瘦下來。然而實際上，絕大多數致力於減肥這項終身事業的女性，並不清楚了解它的涵義。

簡單而言，即為「血糖增加時，脂肪也會增加」的意思。

食物進入人體後首先會由腸胃進行消化作用，分解食物。分解時，碳水化合物（米飯、麵包…等）會轉變成葡萄糖，蛋白質（肉類、魚類、大豆…等）會轉變為氨基酸，脂肪（肉類脂肪、奶油、沙拉油…等）則會轉變為脂肪酸。這些養分會被血液吸收，進入血液中的葡萄糖稱之為「血糖」，而測量血液中葡萄糖含量所得到的數值即為「血糖值」。

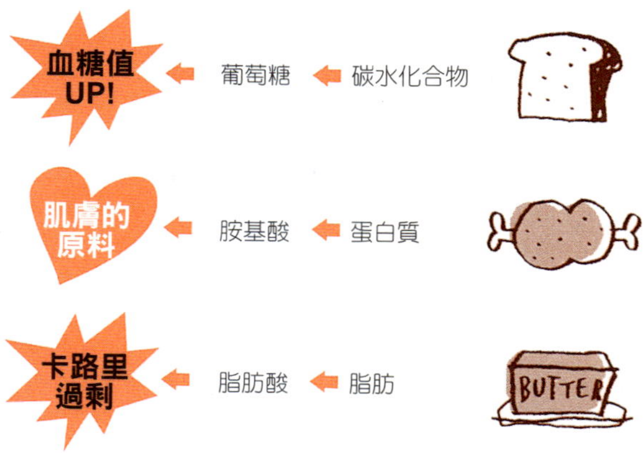

血糖很容易轉換成能量，可透過運動幫助燃燒。但是，沒有消耗掉的部份會儲存在身體裡面，形成所謂的「體脂肪」。

總而言之，血糖值升高時，代表身體內囤積許多不必要的血糖，因此很容易造成肥胖。

血糖為能量的原料，是人體不可或缺的物質。人類與血糖，就如同是汽車之於石油的關係，如此密不可分。然而，石油太多也會傷車子，也就是說當血液中的糖份過高，很容易造成血管損傷的問題。

為了防止這種情況發生，應經常將血糖維持在不會過高也不會過低的狀態。由胰臟分泌出來的「胰島素」荷爾蒙，正是控制身體血糖值的重要關鍵。

餐後血糖值容易攀高，胰臟會加速釋

出胰島素荷爾蒙以控制血糖，促進胰島素將多餘的熱量轉化成脂肪囤積起來。也就是說當血糖值急遽上升時，體內就會分泌出大量的胰島素，造成脂肪囤積。

其中，以甜食最容易使血糖急速上升。甜食原本就屬於高醣類食物，會瞬間迅速的轉化成血糖。相反地，最難以轉化成血糖的食物為蛋白質。

除此之外，暴飲暴食很容易促使血糖值大幅提高，「一次吃太多的話會更容易胖」。每餐定時定量，如果以少量多餐的方式進食幾乎不太會胖。例如一天正常的三餐，不增加份量，但分成五次進食，按照這種方式進食的話就不會堆積過多脂肪。

飲食講求血糖的波動較為平緩（低升糖指數）的食物，如此就可以減少胰島素的分泌，維持這樣的飲食習慣就是減肥最快速的捷徑（稱之為：低胰島素飲食減肥法）。

女性最喜歡的麵包、麵條…等全都是屬於碳水化合物的一種，很容易促使血糖值升高，造成肥胖。反之，脂肪少的紅肉、白身魚…等則屬於不太容易胖的食物。

POINT 2 勿攝取過多熱量！

僅次於血糖值之後，需要注意的地方則是：熱量。

一般正常的女性平均一天約可消耗1600~1800卡的熱量，一旦從食物中獲得的熱量若超過此範圍，多餘的部份理所當然的全都會轉換體脂肪囤積在體內。

即使只有少量的脂肪，熱量依然十分可觀，應盡量避免食用。高脂肪肉類、

column 「吃肉會胖」是騙人的！

好像有很多女性討厭吃肉，可能是因為一般人常會有「吃肉長肉」的刻板印象所導致。

然而肉的主成份為蛋白質，與碳水化合物及脂肪類食物相比之下，肉類應該是屬於其中較不易胖的食物了。有很多人怕「肉類所含脂肪太高，很容易變胖所以不吃」，但是肉類並非全都是屬於高脂肪，只要挑對部位也能吃得健康不發胖。例如：霜降牛肉、豬肋…等屬於高脂肪肉類；而雞胸肉、豬里肌等肉類的脂肪較少。

維持高蛋白質飲食法，不但不易發胖且有助於肌膚保養。我常常看到有許多女性因減肥不吃肉食，反而以麵包、飯糰代替，最後發現這些人往往都是越減越肥。

油炸物、起士…等當然很容易造成肥胖。

另外，也必須小心含有較多脂肪與碳水化合物的零食、麵包、三明治。包著起士、巧克力的丹麥麵包，熱量超級驚人；三明治中夾著許多奶油、美乃滋，即使是蔬菜三明治也一樣是含有超高脂肪。

※一般大家對於「卡路里」這個詞應該非常耳熟能詳，到底它真正的定義是什麼呢？千卡(Kilocalorie)和卡(Calorie)都是熱量的計算單位，1卡的熱量是表示，它可以讓1公克的水上升攝氏1度。1000卡路里等於1千卡(Kilocalorie)。

POINT 3 適量運動！

每每問到「平常有運動的習慣嗎？」，絕大多數的女性都會給出「沒有特別做什麼運動耶…」的回答。

市面上充斥著各種號稱「不必運動也能輕鬆享瘦」減肥法，然而，如果想要瘦的健康、有效確實的瘦下來，運動絕對是無可避免的一環。

運動的作用不只是燃燒脂肪，更可提高人體基礎代謝率。一般女性一天的基礎代謝率約可消耗1600～1800卡的熱量，但依照個人的肌肉多寡會產生些許差異性。身體裡的肌肉比例越高，基礎代謝率就越高。

所謂的基礎代謝率就是身體不動也固定會消耗的熱量，增加肌肉組織以提高基礎代謝率，就能增加熱量的消耗。自然而然地，脂肪就會越來越少。

「隨著年紀增長身體好像越來越發福，但是明明日常的生活作息沒有太大的改變…」，你是否也有這樣的疑問呢？其實這主要都是因為肌肉減少所導致的。受到荷爾蒙分泌量下降的影響，肌肉會逐漸減少，因此上了年紀後若身體活動量不足，就很容易發胖。

想要達到強化肌肉的目的，最快速、有效的運動方法就是步行。不能穿皮鞋，一定要換上舒適的步行鞋，不然就一點意義也沒有了。跨大步伐，必須要讓心跳有稍微加快的速度步行，建議一次約連續行走20分鐘時間，一週至少1天，若能夠維持一週2天的話效果會更好。

步行時會大量運動到支撐骨骼的大片肌肉，有利於全身肌肉強化，效果出乎意料的好。不僅能夠訓練到肌肉，也能改善腰痛、肩膀酸痛等症狀，具有一石二鳥的作用。不需特地上健身房，平常就能把握任何步行的機會運動。

「為了達到運動的目的，平常盡可能多利用步行代替」，有很多人甚至會趁買東西的時候稍微繞遠路，竭盡所能的增加步行機會，但是，事實上並非走路越多代表越好的意思。穿著皮鞋或是涼鞋拖著步伐走路的話只會造成肌肉酸痛，不具提高肌肉力量的作用，根本毫無意義。除此之外，如果提著行李走路，會造成單邊的重量加重而產生不好的影響，最好手上不要提物品，大幅度的擺動雙臂，掌握正確的姿勢步行吧！

那麼，想要瘦得美麗、瘦得健康，應該要如何從日常生活中著手呢？

首先第一，絕對不能不吃早餐。盡量分散進食比較不容易發胖，例如本來吃兩餐的人可以改成吃三餐，但前提是食量不增加。很多人不吃早餐都是因為晚餐太晚吃、或是宵夜吃太多…等理由，造成早餐胃口不佳。但是，早晨起床後，身體需要能量才能開始運作，應該攝取適量的碳水化合物補充能量。雖然麵包很方便，但是米飯比麵包較能產生飽足感。如果要吃麵包的話，最好選擇純麵包、或是法國麵包…等脂肪含量較少的會比較好。盡量避免食用類似丹麥麵包、奶油捲、重口味的麵包。

午餐外食族的人數好像很多，但是外食經常都是以碳水化合物的食物居多，請特別小心。最好是吃如：魚類定食，這種低脂肪、高蛋白的食物。

晚餐以和式料理為主，盡量增加品項，多方攝取各種營養。除此之外，也不要忘記經常攝取根菜類、海藻類、豆類食物喔！

當然，我知道要求每天按照這種方式進食，難度相當高，如果一天三餐每餐都必須注意飲食內容的話，也是很不容易吧！原則上以此基準操作，盡量遵守規則即可。如果過份節制，約束自己這不能吃那也不能吃的話，每天光想應該吃什麼就已經夠頭痛了，這樣過日子未免也太辛苦！

如果正餐之餘，肚子真的餓到受不了的時候，也可以吃一點低熱量的零嘴解饞，因此身邊可存放一些低熱量的食物以備不時之需。在外時可吃無糖份的口香糖，在家時可吃蒟蒻麵…等，是減肥者不錯的選擇。

最後，一天維持至少6小時的睡眠時間、以步行等方式做適量的運動、平時勿累積過多壓力…等，注意每個小細節，都能幫助我們瘦得更健康、漂亮。

結論！這正是「瘦得美麗健康的生活型態」

Index

下方將列出本書中出現過的美容用語、美容成份的名稱⋯等，諸如此類在肌膚保養的過程中經常發生的問題煩惱，依照各種問題製成索引，協助找出相關內容及解答。

英文字

三畫

四畫

五畫

六畫

七畫

九畫

十畫

十二畫

十三畫

十四畫

十五畫

十六畫

素肌美人肌膚保養基本事典

出版	瑞昇文化事業股份有限公司
作者	吉木伸子
譯者	李家綺
總編輯	郭湘齡
責任編輯	闕韻哲
文字編輯	王瓊苹
美術編輯	朱哲宏
排版	執筆者設計工作室
製版	明宏彩色照相製版股份有限公司
印刷	桂林彩藝印刷股份有限公司
戶名	瑞昇文化事業股份有限公司
劃撥帳號	19598343
地址	台北縣中和市景平路464巷2弄1-4號
電話	(02)2945-3191
傳真	(02)2945-3190
網址	www.rising-books.com.tw
Mail	resing@ms34.hinet.net
初版日期	2009年3月
定價	300元

●國家圖書館出版品預行編目資料

素肌美人肌膚保養基本事典 ／
吉木伸子作；李家綺譯.
-- 初版. -- 台北縣中和市：瑞昇文化，2009.03
256面；14.8×21公分

ISBN 978-957-526-831-2 (平裝)

1.皮膚美容學

425.3　　98002824